心一堂術數古籍珍本叢刊

書名：蔣大鴻家傳歸厚錄汪氏圖解
系列：心一堂術數古籍珍本叢刊　堪輿類　蔣徒張仲馨三元真傳系列　第二輯　176
作者：【清】蔣大鴻、【清】汪云吾圖解
主編、責任編輯：陳劍聰
心一堂術數古籍珍本叢刊編校小組：陳劍聰　素聞　梁松盛　鄒偉才　虛白盧主

出版：心一堂有限公司
通訊地址：香港九龍旺角彌敦道六一〇號荷李活商業中心十八樓〇五—〇六室
深港讀者服務中心：中國深圳市羅湖區立新路六號羅湖商業大廈負一層〇〇八室
電話號碼：(852)67150840
網址：publish.sunyata.cc
電郵：sunyatabook@gmail.com
網店：http://book.sunyata.cc
淘寶店地址：https://shop210782774.taobao.com
微店地址：https://weidian.com/s/1212826297
臉書：https://www.facebook.com/sunyatabook
讀者論壇：http://bbs.sunyata.cc/

版次：二零一六年十二月初版
平裝

定價：港幣　三百八十元正
人民幣　三百八十元正
新台幣　一千五百八十元正

國際書號：ISBN 978-988-8317-44-8

香港發行：香港聯合書刊物流有限公司
地址：香港新界大埔汀麗路36號中華商務印刷大廈3樓
電話號碼：(852)2150-2100
傳真號碼：(852)2407-3062
電郵：info@suplogistics.com.hk

台灣發行：秀威資訊科技股份有限公司
地址：台灣台北市內湖區瑞光路七十六巷六十五號一樓
電話號碼：+886-2-2796-3638
傳真號碼：+886-2-2796-1377
網絡書店：www.bodbooks.com.tw
台灣國家書店讀者服務中心：
地址：台灣台北市中山區松江路二〇九號一樓
電話號碼：+886-2-2518-0207
傳真號碼：+886-2-2518-0778
網絡書店：http://www.govbooks.com.tw

中國大陸發行　零售：深圳心一堂文化傳播有限公司
深圳地址：深圳市羅湖區立新路六號羅湖商業大廈負一層〇〇八室
電話號碼：(86)0755-82224934

心一堂微店二維碼

心一堂淘寶店二維碼

心一堂術數古籍 珍本 整理 叢刊 總序

術數定義

術數，大概可謂以「推算（推演）、預測人（個人、群體、國家等）、事、物、自然現象、時間、空間方位等規律及氣數，並或通過種種『方術』，從而達致趨吉避凶或某種特定目的」之知識體系和方法。

術數類別

我國術數的內容類別，歷代不盡相同，例如《漢書・藝文志》中載，漢代術數有六類：天文、曆譜、五行、蓍龜、雜占、形法。至清代《四庫全書》，術數類則有：數學、占候、相宅相墓、占卜、命書、相書、陰陽五行、雜技術等，其他如《後漢書・方術部》、《藝文類聚・方術部》、《太平御覽・方術部》等，對於術數的分類，皆有差異。古代多把天文、曆譜、及部分數學均歸入術數類，而民間流行亦視傳統醫學作為術數的一環；此外，有些術數與宗教中的方術亦往往難以分開。現代民間則常將各種術數歸納為五大類別：命、卜、相、醫、山，通稱「五術」。

本叢刊在《四庫全書》的分類基礎上，將術數分為九大類別：占筮、星命、相術、堪輿、選擇、三式、讖諱、理數（陰陽五行）、雜術（其他）。而未收天文、曆譜、算術、宗教方術、醫學。

術數思想與發展——從術到學，乃至合道

我國術數是由上古的占星、卜筮、形法等術發展下來的。其中卜筮之術，是歷經夏商周三代而通過「龜卜、蓍筮」得出卜（筮）辭的一種預測（吉凶成敗）術，之後歸納並結集成書，此即現傳之《易

經》。經過春秋戰國至秦漢之際，受到當時諸子百家的影響、儒家的推崇，遂有《易傳》等的出現，原本是卜筮術書的《易經》，被提升及解讀成有包涵「天地之道（理）」之學。因此，《易・繫辭傳》曰：「易與天地準，故能彌綸天地之道。」

漢代以後，易學中的陰陽學說，與五行、九宮、干支、氣運、災變、律曆、卦氣、讖緯、天人感應說等相結合，形成易學中象數系統。而其他原與《易經》本來沒有關係的術數，如占星、形法、選擇，亦漸漸以易理（象數學說）為依歸。《四庫全書・易類小序》云：「術數之興，多在秦漢以後。要其旨，不出乎陰陽五行，生剋制化。實皆《易》之支派，傳以雜說耳。」至此，術數可謂已由「術」發展成「學」。

及至宋代，術數理論與理學中的河圖洛書、太極圖、邵雍先天之學及皇極經世等學說給合，通過術數以演繹理學中「天地中有一太極，萬物中各有一太極」（《朱子語類》）的思想。術數理論不單已發展至十分成熟，而且也從其學理中衍生一些新的方法或理論，如《梅花易數》、《河洛理數》等。

在傳統上，術數功能往往不止於僅僅作為趨吉避凶的方術，及「能彌綸天地之道」的學問，亦有其「修心養性」的功能，「與道合一」（修道）的內涵。《素問・上古天真論》：「上古之人，其知道者，法於陰陽，和於術數。」數之意義，不單是外在的算數、歷數、氣數，而是與理學中同等的「道」、「理」——心性的功能，北宋理氣家邵雍對此多有發揮：「聖人之心，是亦數也」、「萬化萬事生乎心」、「心為太極」。《觀物外篇》：「先天之學，心法也。……蓋天地萬物之理，盡在其中矣，心一而不分，則能應萬物。」反過來說，宋代的術數理論，受到當時理學、佛道及宋易影響，認為心性本質上是等同天地之太極。天地萬物氣數規律，能通過內觀自心而有所感知，即是內心也已具備有術數的推演及預測、感知能力；相傳是邵雍所創之《梅花易數》，便是在這樣的背景下誕生。

《易・文言傳》已有「積善之家，必有餘慶；積不善之家，必有餘殃」之說，至漢代流行的災變說及讖緯說，我國數千年來都認為天災，異常天象（自然現象），皆與一國或一地的施政者失德有關；下至家族、個人之盛衰，也都與一族一人之德行修養有關。因此，我國術數中除了吉凶盛衰理數之外，人心的德行修養，也是趨吉避凶的一個關鍵因素。

術數與宗教、修道

在這種思想之下，我國術數不單只是附屬於巫術或宗教行為的方術，又往往是一種宗教的修煉手段--通過術數，以知陰陽，乃至合陰陽（道）。「其知道者，法於陰陽，和於術數。」例如，「奇門遁甲」術中，即分為「術奇門」與「法奇門」兩大類。「法奇門」中有大量道教中符籙、手印、存想、內煉的內容，是道教內丹外法的一種重要外法修煉體系。甚至在雷法一系的修煉上，亦大量應用了術數內容。此外，相術、堪輿術中也有修煉望氣（氣的形狀、顏色）的方法；堪輿家除了選擇陰陽宅之吉凶外，也有道教中選擇適合修道環境（法、財、侶、地中的地）的方法，以至通過堪輿術觀察天地山川陰陽之氣，亦成為領悟陰陽金丹大道的一途。

易學體系以外的術數與的少數民族的術數

我國術數中，也有不用或不全用易理作為其理論依據的，如揚雄的《太玄》、司馬光的《潛虛》。也有一些占卜法、雜術不屬於《易經》系統，不過對後世影響較少而已。

外來宗教及少數民族中也有不少雖受漢文化影響（如陰陽、五行、二十八宿等學說。）但仍自成系統的術數，如古代的西夏、突厥、吐魯番等占卜及星占術，藏族中有多種藏傳佛教占卜術、苯教占卜術、擇吉術、推命術、相術等；北方少數民族有薩滿教占卜術；不少少數民族如水族、白族、布朗族、佤族、彝族、苗族等，皆有占雞（卦）草卜、雞蛋卜等術，納西族的占星術、占卜術，彝族畢摩的推命術、占卜術……等等，都是屬於《易經》體系以外的術數。相對上，外國傳入的術數以及其理論，對我國術數影響更大。

曆法、推步術與外來術數的影響

我國的術數與曆法的關係非常緊密。早期的術數中，很多是利用星宿或星宿組合的位置（如某星在某州或某宮某度）付予某種吉凶意義，并據之以推演，例如歲星（木星）、月將（某月太陽所躔之宮次）等。不過，由於不同的古代曆法推步的誤差及歲差的問題，若干年後，其術數所用之星辰的位置，已與真實星辰的位置不一樣了；此如歲星（木星），早期的曆法及術數以十二年為一周期（以應地支），與木星真實周期十一點八六年，每幾十年便錯一宮。後來術家又設一「太歲」的假想星體來解決，是歲星運行的相反，週期亦剛好是十二年。而術數中的神煞，很多即是根據太歲的位置而定。又如六壬術中的「月將」，原是立春節氣後太陽躔娵訾之次而稱作「登明亥將」，至宋代，因歲差的關係，要到雨水節氣後太陽才躔娵訾之次，當時沈括提出了修正，但明清時六壬術中「月將」仍然沿用宋代沈括修正的起法沒有再修正。

由於以真實星象周期的推步術是非常繁複，而且古代星象推步術本身亦有不少誤差，大多數術數除依曆書保留了太陽（節氣）、太陰（月相）的簡單宮次計算外，漸漸形成根據干支、日月等的各自起例，以起出其他具有不同含義的眾多假想星象及神煞系統。唐宋以後，我國絕大部分術數都主要沿用這一系統，也出現了不少完全脫離真實星象的術數，如《子平術》、《紫微斗數》、《鐵版神數》等。後來就連一些利用真實星辰位置的術數，如《七政四餘術》及選擇法中的《天星選擇》，也已與假想星象及神煞混合而使用了。

隨着古代外國曆（推步）、術數的傳入，如唐代傳入的印度曆法及術數，元代傳入的回回曆等，其中我國占星術便吸收了印度占星術中羅睺星、計都星等而形成四餘星，又通過阿拉伯占星術而吸收了其中來自希臘、巴比倫占星術的黃道十二宮、四大（四元素）學說（地、水、火、風），並與我國傳統的二十八宿、五行說、神煞系統並存而形成《七政四餘術》。此外，一些術數中的北斗星名，不用我國傳統的星名：天樞、天璇、天璣、天權、玉衡、開陽、搖光，而是使用來自印度梵文所譯的：貪狼、巨門、祿存、文曲，廉貞、武曲、破軍等，此明顯是受到唐代從印度傳入的曆法及占星術所影響。如星命術中的《紫微斗數》及堪輿術中的《撼龍經》等文獻中，其星皆用印度譯名。及至清初《時憲曆》，置閏之法則改用西法「定氣」。清代以後的術數，又作過不少的調整。

此外，我國相術中的面相術、手相術，唐宋之際受印度相術影響頗大，至民國初年，又通過翻譯歐西、日本的相術書籍而大量吸收歐西相術的內容，形成了現代我國坊間流行的新式相術。

陰陽學——術數在古代、官方管理及外國的影響

術數在古代社會中一直扮演着一個非常重要的角色，影響層面不單只是某一階層、某一職業、某一年齡的人，而是上自帝王，下至普通百姓，從出生到死亡，不論是生活上的小事如洗髮、出行等，大事如建房、入伙、出兵等，從個人、家族以至國家，從天文、氣象、地理到人事、軍事，從民俗、學術到宗教，都離不開術數的應用。我國最晚在唐代開始，已把以上術數之學，稱作陰陽（學），行術數者稱陰陽人。（敦煌文書、斯四三二七唐《師師漫語話》：「以下說陰陽人謾語話」，此說法後來傳入日本，今日本人稱行術數者為「陰陽師」）。一直到了清末，欽天監中負責陰陽術數的官員中，以及民間術數之士，仍名陰陽生。

古代政府的中欽天監（司天監），除了負責天文、曆法、輿地之外，亦精通其他如星占、選擇、堪輿等術數，除在皇室人員及朝庭中應用外，也定期頒行日書、修定術數，使民間對於天文、日曆用事吉凶及使用其他術數時，有所依從。

我國古代政府對官方及民間陰陽學及陰陽官員，從其內容、人員的選拔、培訓、認證、考核、律法監管等，都有制度。至明清兩代，其制度更為完善、嚴格。

宋代官學之中，課程中已有陰陽學及其考試的內容。（宋徽宗崇寧三年〔一一零四年〕崇寧算學令：「諸學生習……並曆算、三式、天文書。」「諸試……三式即射覆及預占三日陰陽風雨。天文即預

定一月或一季分野災祥，並以依經備草合問為通。」

金代司天臺，從民間「草澤人」（即民間習術數人士）考試選拔：「其試之制，以《宣明曆》試推步，及《婚書》、《地理新書》試合婚、安葬，並《易》筮法，六壬課、三命、五星之術。」（《金史》卷五十一・志第三十二・選舉一）

元代為進一步加強官方陰陽學對民間的影響、管理、控制及培育，除沿襲宋代、金代在司天監掌管陰陽學及中央的官學陰陽學課程之外，更在地方上增設陰陽學課程（《元史・選舉志一》：「世祖至元二十八年夏六月始置諸路陰陽學。」）地方上也設陰陽學教授員，培育及管轄地方陰陽人。（《元史・選舉志一》：「（元仁宗）延祐初，令陰陽人依儒醫例，於路、府、州設教授員，凡陰陽人皆管轄之，而上屬於太史焉。」）自此，民間的陰陽術士（陰陽人），被納入官方的管轄之下。

至明清兩代，陰陽學制度更為完善。中央欽天監掌管陰陽學，明代地方縣設陰陽學正術，各州設陰陽學典術，各縣設陰陽學訓術。陰陽人從地方陰陽學肆業或被選拔出來後，再送到欽天監考試。（《大明會典》卷二二三：「凡天下府州縣舉到陰陽人堪任正術等官者，俱從吏部送（欽天監），考中，送回選用；不中者發回原籍為民，原保官吏治罪。」）清代大致沿用明制，凡陰陽術數之流，悉歸中央欽天監及地方陰陽官員管理、培訓、認證。至今尚有「紹興府陰陽印」、「東光縣陰陽學記」等明代銅印，及某某縣某某之清代陰陽執照等傳世。

清代欽天監漏刻科對官員要求甚為嚴格。《大清會典》「國子監」規定：「凡算學之教，設肄業生。滿洲十有二人，蒙古、漢軍各六人，於各旗官學內考取。漢十有二人，於舉人、貢監生童內考取。附學生二十四人，由欽天監選送。教以天文演算法諸書，五年學業有成，舉人引見以欽天監博士用，貢監生童以天文生補用。」學生在官學肄業、貢監生肄業或考得舉人後，經過了五年對天文、算法、陰陽學的學習，其中精通陰陽術數者，會送往漏刻科。而在欽天監供職的官員，《大清會典則例》「欽天監」規定：「本監官生三年考核一次，術業精通者，保題升用。不及者，停其升轉，再加學習。如能黽勉供職，即予開復。仍不及者，降職一等，再令學習三年，能習熟者，准予開復，仍不能者，黜退。」除定期考核以定其升用降職外，《大清律例》中對陰陽術士不準確的推斷（妄言禍福）是要治罪的。《大清律例・一七八・術七・妄言禍福》：「凡陰陽術士，不許於大小文武官員之家妄言禍福，違者杖一百。其依經推算星命卜課，不在禁限。」大小文武官員延請的陰陽術士，自然是以欽天監漏刻科官員或地方陰陽官員為主。

官方陰陽學制度也影響鄰國如朝鮮、日本、越南等地，一直到了民國時期，鄰國仍然沿用着我國的多種術數。而我國的漢族術數，在古代甚至影響遍及西夏、突厥、吐蕃、阿拉伯、印度、東南亞諸國。

術數研究

術數在我國古代社會雖然影響深遠，「是傳統中國理念中的一門科學，從傳統的陰陽、五行、九宮、八卦、河圖、洛書等觀念作大自然的研究。……傳統中國的天文學、數學、煉丹術等，要到上世紀中葉始受世界學者肯定。可是，術數還未受到應得的注意。術數在傳統中國科技史、思想史，文化史、社會史，甚至軍事史都有一定的影響。……更進一步了解術數，我們將更能了解中國歷史的全貌。」（何丙郁《術數、天文與醫學中國科技史的新視野》，香港城市大學中國文化中心。）

可是術數至今一直不受正統學界所重視，加上術家藏秘自珍，又揚言天機不可洩漏，「（術數）乃吾國科學與哲學融貫而成一種學說，數千年來傳衍嬗變，或隱或現，全賴一二有心人為之繼續維繫，賴以不絕，其中確有學術上研究之價值，非徒癡人說夢，荒誕不經之謂也。其所以至今不能在科學中成立一種地位者，實有數因。蓋古代士大夫階級目醫卜星相為九流之學，多恥道之；而發明諸大師又故為惝恍迷離之辭，以待後人探索；間有一二賢者有所發明，亦秘莫如深，既恐洩天地之秘，復恐譏為旁門左道，始終不肯公開研究，成立一有系統說明之書籍，貽之後世。故居今日而欲研究此種學術，實一極困難之事。」（民國徐樂吾《子平真詮評註》，方重審序）

現存的術數古籍，除極少數是唐、宋、元的版本外，絕大多數是明、清兩代的版本。其內容也主要是明、清兩代流行的術數，唐宋或以前的術數及其書籍，大部分均已失傳，只能從史料記載、出土文獻、敦煌遺書中稍窺一鱗半爪。

術數版本

坊間術數古籍版本，大多是晚清書坊之翻刻本及民國書賈之重排本，其中豕亥魚魯，或任意增刪，往往文意全非，以至不能卒讀。現今不論是術數愛好者，還是民俗、史學、社會、文化、版本等學術研究者，要想得一常見術數書籍的善本、原版，已經非常困難，更遑論如稿本、鈔本、孤本等珍稀版本。在文獻不足及缺乏善本的情況下，要想對術數的源流、理法、及其影響，作全面深入的研究，幾不可能。

有見及此，本叢刊編校小組經多年努力及多方協助，在海內外搜羅了二十世紀六十年代以前漢文為主的術數類善本、珍本、鈔本、孤本、稿本、批校本等數百種，精選出其中最佳版本，分別輯入兩個系列：

一、心一堂術數古籍珍本叢刊

二、心一堂術數古籍整理叢刊

前者以最新數碼（數位）技術清理、修復珍本原本的版面，更正明顯的錯訛，部分善本更以原色彩色精印，務求更勝原本。并以每百多種珍本、一百二十冊為一輯，分輯出版，以饗讀者。

後者延請、稿約有關專家、學者，以善本、珍本等作底本，參以其他版本，古籍進行審定、校勘、注釋，務求打造一最善版本，方便現代人閱讀、理解、研究等之用。

限於編校小組的水平，版本選擇及考證、文字修正、提要內容等方面，恐有疏漏及舛誤之處，懇請方家不吝指正。

心一堂術數古籍 珍本／整理 叢刊編校小組

二零零九年七月序

二零一四年九月第三次修訂

奏授歸厚録表文

臣蔣玄　珂　誠惶誠恐稽首頓首上言

伏以

出洛浮河。緑字啟先天之秘。分星布野。金函括大地之靈。上以肇國開基。下以康民阜俗。作者為聖。述者為明。代不數人。天無私予。自公劉廼居胥宇。左相洛瀍定都。既心知其義而測以土圭。猶口秘其文而歸之卜筮。知造化不容輕泄。故上哲慎而無言。逮黃石遇於當年。而青囊傳

乎人世郭景純得之授受之正楊筠松獲之兵火之餘從

此

天府鴻藏流散六字英才間作傳習百家然微顯雜陳真偽

錯出得書未必得義傳訣未必傳神至於我明其法彌隱

劉基探之玉笈獨有真書

太祖收之石渠遂非世寶於是人淆聲說家述偽訂二百餘

年朝野多黙符之理數萬厤中祀生徒開賊亂之文章

珂

痛聖學之不明致生民之日蔽童年祖訓耳目堪輿之言

弱冠母亡胼胝山川之險更數師而不得其旨歷萬疑而

愈失其宗。
帝鑒其誠。
神開其覺遇
眞師於方外。授正義於掌中。加。以。數。載。研。慮。之。功。始。有。一。端。
靜。照。之。識。自知小器。濫受
洪慈。心戰戰而靡寧。意皇皇而罔怠。未敢洩之於世。蒙其
顯誅。況敢普之於家。狗其私願。但念臣珂祖宗數世。愼保良
心。宗族一門。咸非巨惡。痛遭出亡之禍。遂絕報本之途。使
朋友皆獲吉扦。而父兄反歸凶壤。雖云

家秘本

天數。實重珂章。再從叔翼明者。孝友無戲。寬平不戾。來叩形家之矩矱。以為葬父之津梁。珂乃著授一書。厥名歸厚。將以秘之家廟。詔告後人。非種不傳。惟賢是予。珂以

師門禁戒。恐犯

刑威。敢望

天閽而陳情伏冀

帝慈之賜赦。

神靈翼衛。石函永作家珍。哲徹闡揚。玉鏡常懸

聖諦。世世得挺孝凝忠之地。葉葉產濟民利物之人。庶幾不負

鴻恩。無傷愚悃。苟或後世違臣明誓。褻玩靈文。仰惟
神威。褫其精魄。聿昭
憲令。勿貸聰明。臣珂無任兢切屛營之至。

家秘本

再授歸厚錄表

臣叨荷

天恩。開其蒙覺。幸獲

師傳心悟。微知

天地眞機。日以上報

祖宗。下濟生民為念。向曾自著一書。名曰歸厚。授之從叔翼

明者。欲其坐福宗黨。今察得同宗弟雯昺者。於分較親。於

才較敏。留心玄學。頗有道根。臣喜同志之有人。堪荷眞風

之重寄。輙敢奏聞

天聽○轉授前書○嚴以盟戒之條○晰以儆微之理○俾雯暠廣宣此
義○緯地承天○近自宗親○遠推氣類○篤與賢哲○以挽世靡○庶
幾微臣著作之志不章○而
上蒼啟牖之恩無負○又臣弟子王錫祁秉心誠篤○從遊有年○弟
子王允白○從祖母之姪孫○具好修之初志○似皆可奬其向
慕○引入道門○亦為盟戒再三○示以秘本○但此書寶上奉
玄恩○臣著撰時○堅持誓願○止傳二本○今廣傳異姓○非臣原誓○二
人權宜抄錄○仍誓三年不精○竟行焚燬○臣以諸弟子膺此
鴻肩○必勤洗濯○謹依

家秘本

師傳規則令○雯曷痛發哀誠叅行醮事○虔禮
太上慈悲道場○
九幽拔罪大懺八部○以度雯曷七祖歷刼罪愆○二王家貧○許
其隨壇自禮○共沐
天波○伏冀
帝慈○均行
賜赦○倘蒙
昊穹覆護○某等果能由藝入道○積行真通○所賴
神威○特垂超濟○萬一某等違臣戒例○背道妄行○亦望

天威時加糾正。輕則儆戒。重則典刑。臣凜凜天綱。敢萌私蔽。不勝悚惶戰栗之至。

家秘本

凡例

是書原本○乃遊洞天時○得遇眞仙○傳授秘訣○非人世所有○皆天宮之秘○故不容輕傳於世○

是書所採擇者○玉鏡經○千里眼○夜光集○郭氏水鉗龍經○天玉經○剪水經○三字青囊經諸書而已○皆人世所有○一經○搜○討○其○精○微○已○盡○於○此○諸○書○皆○屬○糟○粕○

是書乃楊曾廖賴諸公正傳○近代慕講禪師尤精其理○劉文成謝黄卄乃能合轍○年來惟海鹽吳天柱頗明九龍之法○曾師事之○更再得眞傳○又益所未曉之由○始為合壁○惜不令吳君

見其未足也。

是書正文已包大義。而其詳曲盡在註。及圖例。雖註屬門人沈生手筆。實予親自訂正。半義不訛。若非此註。依然暗室。學者毋以師弟淺深妄加分別也。

是書圖例。皆舉一以見千百。不能書繪者。以例推之。觀者善通其義。勿以迹像拘泥。致失作者之意。

是書盤法。止用正針二十四道。一切紛擾盡行削除。

歸厚錄目錄

還元篇

陽基篇

目録終

盤式

盤銘

俯察之理。本乎洛書。
父母六子。範十二支。
三爻成象。位參干維。
三八品配。道盡無遺。
後愚妄作。淆亂日滋。
芟邪表正。易簡昭垂。

家秘本

歸厚録圖解

海上云吾子汪宜耀士雲氏著

歸厚録

杜陵中陽子蔣平階大鴻氏著

檇李門人沈憶年秬承氏註

氣化篇

一元氤氳○生天立地○化育萬物○惟人為貴○

天降陽精○地載陰魄○陽精為氣○陰魄為骨○

兩儀備經○五行全質○乃具三才○乾坤始立○

天有混劫○人有死年○升陽還虛○留陰反泉○

是曰歸藏○葬禮具焉○金玉非寶○石槨非堅○

家秘本

物之為妙○戾氣所致也○脉之成精○人之成仙○和氣所致也○然所謂久久無傷飛升太虛○只是萬一之事○蔣公之意○只重在根荄膏澤枝葉晃朗上○

苟求厚葬○擇地為先○既得吉兆○裸葬何嫌○
地之真氣○乃天玄符○與魄混合○返精導和○
二曜同環○五行相摩○朽骨復生○美色燦華○
靈魂休暢○翔步玄都○久久無傷○飛升太虛○
子孫精魄○祖父育養○如彼草木○播種在坱○
根荄膏澤○枝葉晃朗○其本或撥○枯落夭枉○
吾觀凶葬○棺槨覆崩○螻螘所食○寒泉所凝○
狐狸毒蝎○窟穴是憑○骨化怪異○冥靈不寧○
子孫滅絕○宗祀用傾○此理不誣○聖賢所教○

盡性窮理。造端地竅。世有竪儒。高視遠蹈。
不相厥宜。棄親於道。且云禍福。上士共笑。
詎意覆宗。反成不孝。亦有狂且。狎天貪眊。
否德不臧。侈求地寶。彈指輕謀。終無明效。
惟彼哲士。體道通源。地名法象。心曰先天。
先天已立。法象自全。心為大地。詒我後賢。

此章言人與天地。同是一元之氣所生。
人身具有天地陰陽五行之妙。既歿。則
陽升於天。所有軀殼。即是陰魄。復歸於

家秘本

地。所謂墓也。既葬之後。又能以日月五行之靈。陶鑄其既死之魄。則朽骨復靈。久而不傷。至陰之魄。變成真陽。飛升天表。此其最上者也。子孫之精魄。即祖宗之精魄。故死者受氣。生者昌榮。此根本枝葉一氣相通不易之至理也。上之為聖為賢。成仙成佛。雖於性命之極。疑非陰陽所能拘。然亦必其先人能受山川秀淑之氣。而後乾坤道寶萃於其躬。下此而禄位名壽。無一非地之所司。古之大儒首重此義。惟以安親報本。原非邀福私心。特祖宗一氣感通。先靈之安與不安。托之渺茫。無從可驗。故即子孫之隆替。卜祖宗之安危。世人動云。我非求福。惟入土為安。輙以委之凶地。或至翻棺覆槨。螻蟻寒泉。骨殖化為怪異。祖宗陰魄。消散滅絕。卒有覆宗絕嗣之禍。豈非不孝之大者乎。然大德受大地。小德受小地。不德受惡地。天有一定之律。若狂人不知修德。妄希大地。鬼神必塞其聰。將以凶為吉。轉福成殃。良可畏也。蓋心是太極。地象陰陽。太極既妙而儀是從。山河大地。總是一心所化現。苟能修德存心忠厚。則我本來之地已吉。自然而得佳壤。此又我師先天之學。立乎陰陽五行之先者。所以諄諄而戒後人也。

亂指穴外之形勢。渙指穴外之脉絡。不竄謂形勢相連。不散謂脉絡相貫。

分用篇

稽古鴻濛。未分天地。水火二氣。升降玄虛。坎離一交。乃媾乾坤。陰闔陽闢。剛柔相涵。或凝為山。或流或川。地血為水。地骨為石。葬山依骨。葬地依血。山若離骨。水泉砂礫。地若離血。鴻鹵磽确。山亦多石。地亦多水。多石之處。塟皆不美。多水之處。吉凶難理。石多則亂。水多則渙。石亂難降。水渙皆散。亂石可葬。渙水可接。可葬之亂。亂而不竄。

家秘本

可按之渙渙而不散不亂不散大聚之驗骨體堅定血脉流行堅不可傷流不可凝跡淪宣導與性合成言龍言脉皆是强名至人察之覺照孔明

此章言人知乾坤交而為坎離不知混沌之先未有天地不成乾坤止水火二氣為眞陰眞陽升降虛無之表隨元氣而上下道家所謂梵氣也此氣摩盪不已其輕清者日上而為天其重濁者日

下而為地。所謂坎離一交而乾坤成也。然乾坤之體。雖判然二物。而乾坤之氣。則日夜交媾而不已。一闔一闢。互為剛柔。剛者為山。柔者為川。石乃地之骨。水乃地之血。人稟水土之氣以生。故其死也。骨血復還於水土。制為葬法。葬高山則石。是生氣。葬平洋則水。是生氣。得生氣者吉。失生氣者凶。然高山在在有石。平洋在在有水。亦有葬石葬水而猶然不吉者何也○知水石而不知水與石之用也○石多者粗頑駁雜○水多者脉亂絲馳○所以不吉○亦竟有雜亂而反吉者則雜中自清○亂中自理○散中自聚之故也○今人但知葬乘龍脉○不知高山石龍○則有脉可尋○平洋一片○有何脉息○只以水之流動處為龍○故水龍經曰、山郡以山為龍○水郡以水為龍○人○能○於○水○中○求○龍○而○不○以○地○之○實○處○求○過○峽○脉○息○轉○關○剎○

換○則○得○平○洋○之○眞○訣○矣○凡山脉之堅剛○乃天造地設○一定不移○差法毫厘不可虧損○任其自然○無容勉强○水則動而不静○流而不息○原無定質○可變吉為凶○亦可變凶為吉○大局既定○不妨小小改作○以就内局所宜○當填則填○當濬則濬○既填既濬之後○與天生之局渾合為一○初無缺陷○所謂裁成輔相○能奪神工改天命之作用也○且水既以動為用○理當導

去水之地。謂水分小枝流去之處。既遠而結於盡。故云愈清愈美。美在以蓄為蔭也。求龍實地者不知以水為蔭。只怕流破生旺方。每有禁遏尾閭之事。

之使行。所以去水之地。愈去愈清。愈清愈美。庸術不知以蓄水為得蔭。乃從下流禁遏。尾閭不通。血脉不貫。便成死龍矣。蓋平洋惟以水為真氣。得此真氣與山之真龍福力無異。夫天一生水。是坎中一點真陽。化生萬物。故木非水不滋。金非水不清。土非水不潤。火非與水相濟。則燥極而自熄滅。五行以此為本。此即先天之妙。萬化不窮者也。平洋舍水

而言龍脉乃强立之名切不可拘泥来崗
關峽而反失真元之氣是非至人孰能
究其精奥哉

家秘本

氣接大幹八卯是言京省郡邑。以及鄉鎮村落。猶山之有開洋慶也。屈曲以下方言陰基。屈曲四卯是大綱。無論枝幹。皆有生死之别。去如土灰直来者不直去。便與土灰無異。单龍蟠繞。首尾一望皆見。故謂之見龍。

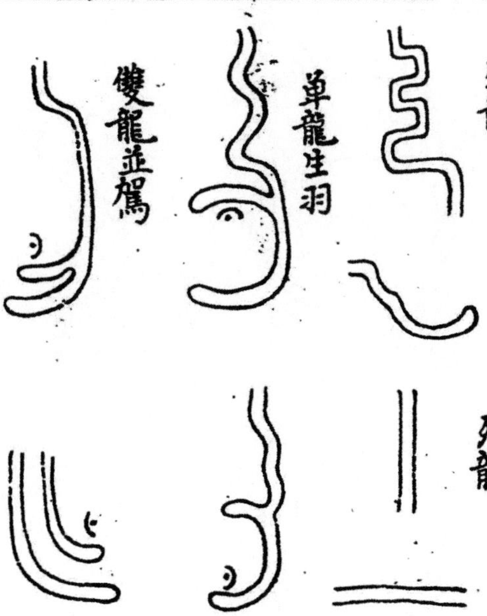

幹枝篇

水既成龍。還分幹枝。大江千里。起祖之基。
百里十里。宗派流漸。一里半里。小枝之餘。
氣接大幹。建國封圻。氣接小幹。公卿累累。
氣接大枝。甲第逢時。氣接小枝。富庶可期。
屈曲。生龍。鍾靈。孕奇。勁直。死龍。敗如土灰。
潾潾癡龍。縱福亦愚。條條現龍。雷奮雲飛。
单龍生羽。自交自孳。雙龍並駕。樂得雄雌。
一龍衆子。並蒂連枝。胞胎之孕。元精未虧。

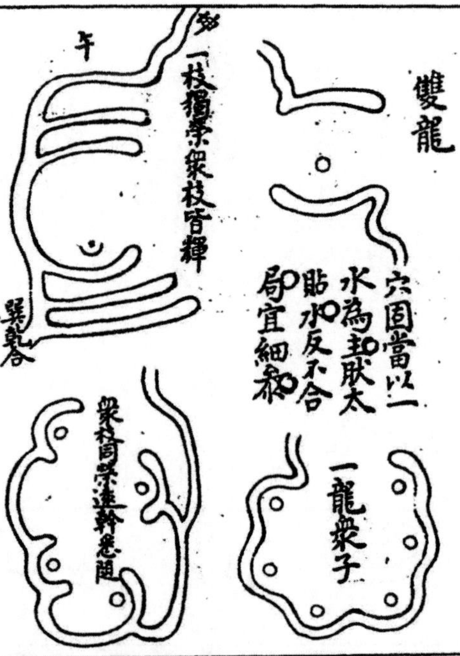

來者為公去者為私就格幹水時而言以幹視枝則枝之進口為去知

微茫渺忽謂來脈明堂一線之骨子以皆具於此水故曰太極所胚明堂十字有玄微當於此句參之上文噓吸屬來情歸臍謂歸於明堂腦後之一路

氣有變化弱化為強偏化為正局而化於衆而還而化於進而皆當靜參

發机之所：字不專指入口而言而入口為尤重一

慎勿貪幹幹老則危幹復生枝其幹乃滋慎勿棄枝愈細愈宜一枝獨榮衆枝皆輝衆枝同榮遠幹悉隨隨餘之動處始有枝葉枝之合處幹氣不離來者為公去者為私公是過客私是主持衆水雖聚一水發機發機之所與衆不齊名曰化氣噓吸歸臍微茫渺忽太極所胚此是玄竅妙入希夷希夷有朕非神莫窺

此承上章言既以水為龍則水龍便分

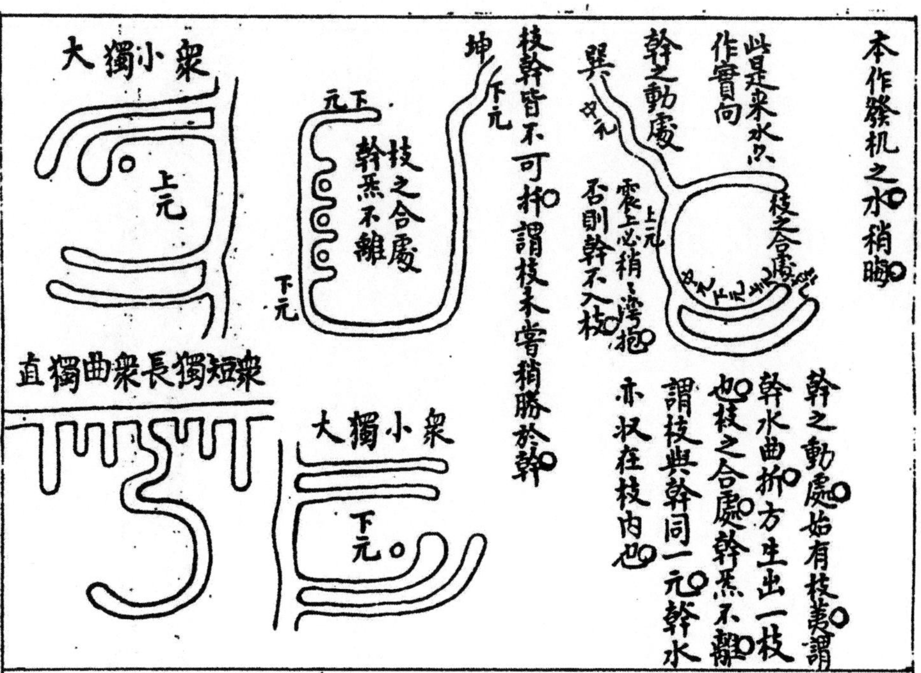

枝幹千里百里至一二里皆以得水遠者為幹得水近者為枝而福力分焉然必屈曲活動而後謂之龍不然雖有水而盡屬死氣枝幹皆不可折若半死半生則棄死就生亦可發達亦有大湖大蕩略有飛収可葬而内氣既未深秀砂體亦不美艷謂之癡龍但發財而少俊秀條條之水有首有尾關攔緊密望之可見名為現龍過時飛騰可以變化单

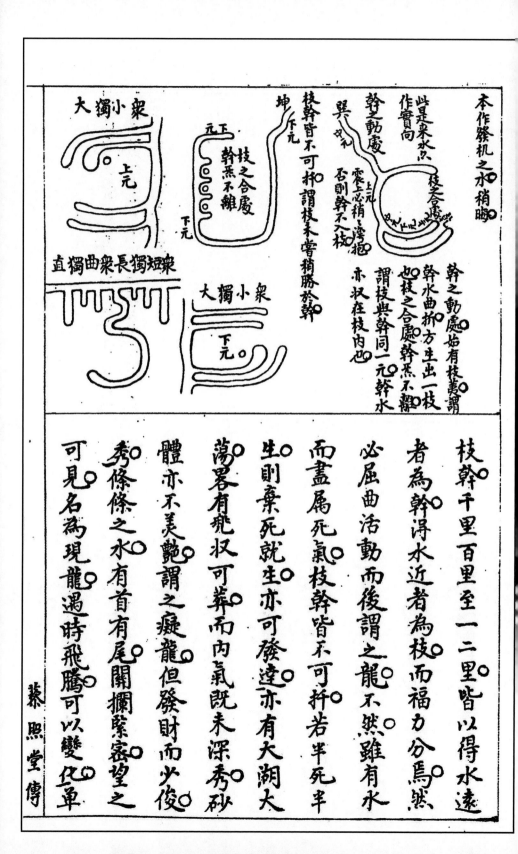

别生枝節。其炁自能交媾。此交媾但謂其有坐有向。有輔有弼。合陰陽交媾之理。非謂二水一屬陽一屬陰而交媾於穴中也。雙龍節。

行之水。雖少輔佐。只消本身轉迴旋遶。或別生枝節。便是羽翼。其氣自能交媾。雖单不獨。雙龍雌雄交配。久而不替。更不待言。亦有一條单水。其間兆收不一。行如依俙。止若節節。一地之上。或二穴三穴。不可限數。此是胎氣深厚。故養育衆多。只要各自成局。主客相應。此既能收。彼亦能攬。則同扦並發。不相違背。亦無減力之患。今人但知幹龍之貴。不知

三三五五〇謂前後水之曲抑〇及前後左右護托之水〇

幹老反不生育〇須幹上又能生枝〇然後幹氣始藉枝融液〇反能接幹之氣不使走作〇如老夫得少女〇枯木生柔條〇而後能懷孕生子〇開花結實〇小枝與幹不隣〇疑其氣薄力弱〇不知脫卸深藏〇愈細愈妙〇但此枝或三三兩兩〇五五六六〇等質不齊〇不相統攝〇又不能成地〇必有一水獨結〇而後衆水皆為其用〇若得衆枝翼衛一枝必是極大結局〇并遠來幹水亦皆

家秘本

訂正水龍經一圖

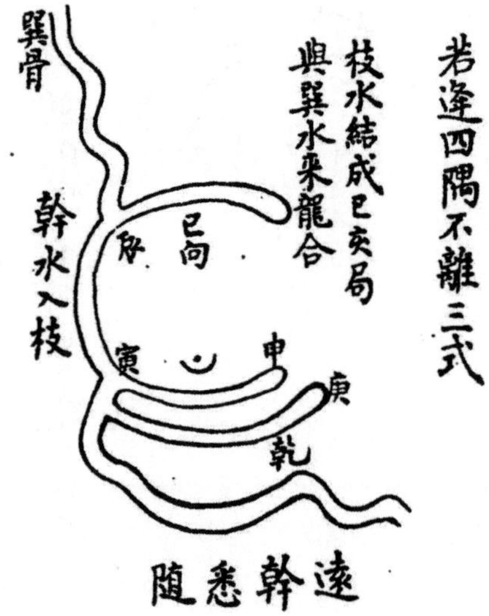

浜底○指小水之盡頭而言浜底從中流出之水○即幹河從外流來之水○

明堂十字

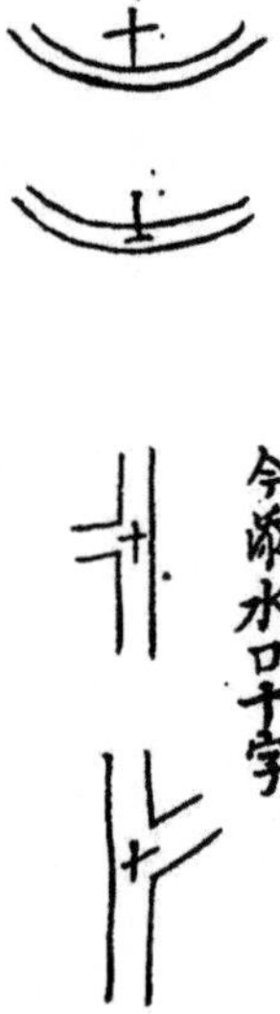

環○繞○朝○迎○全○力○凝○注○在○此○斯○上○等○之○龍○矣○幹之動處二語○足上文慎勿貪幹四語之意○枝之合處二語○足上文慎勿棄枝六語之意○來者指通行之水而言○雖大聚亦是衆人共得之水○故曰公○公者但可借為外秀○故曰過客○去者指浜底從中流出之水雖一○滴○亦○是○本○身○元○神○精○華○妙○液○繫○貼○吾○身○故○曰○私○私○即○托○命○於○此○將○此○水○眞○氣○為○將○帥○以○控○制○八○方○

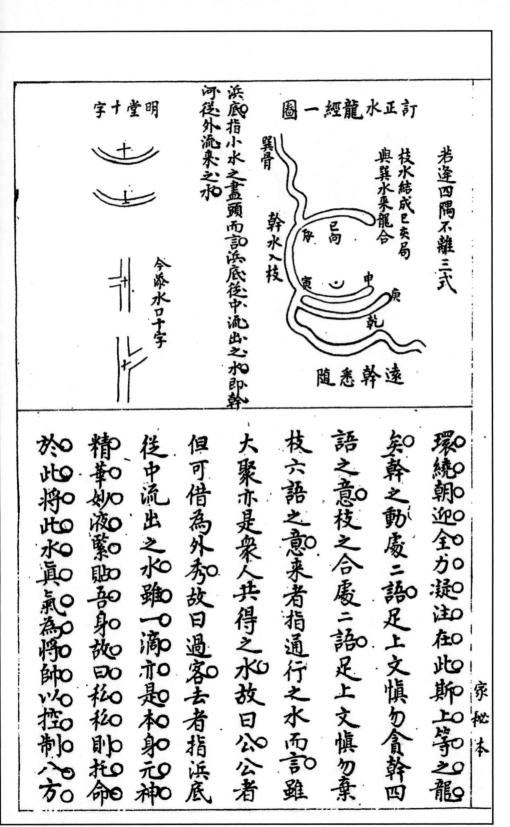

砂。水。為。其。兵。卒。故。曰。主。持由此言之。則。衆。水。雖。有。結。局。非。此。一。水。全。無。靈。應。然。則。發。衆。水。之。機。者。此。一。水。也。若此水而亦與衆水同其大小。同其長短。同其形勢。又安知其孰為主。孰為客哉。必也衆大獨小。衆小獨大。衆長獨短。衆短獨長。衆直獨曲。衆斜獨正。衆死獨活。而。後。生。氣。獨。聚。於。此。此為真龍。而餘者皆其輔佐矣。但此水之妙。在微茫渺忽之間。即造化之太極。人身之玄竅。變變化化。皆從此出。故曰化氣。世目遇之。迷離恍惚。無從致辨。而不知確乎有可見之形。可據之理。非泡影幻詭之談。學者神而明之可也。

此章極言無止水。不成化。化氣雖有大局亦不能收。其叮嚀告誡之意切矣。

此篇言幹枝皆以轉環不漏為貴。

水之有息道。猶山之有起頂。息即噓吸之謂。或以為息聚亦是也。有噓有吸。於斯於焉息聚。與內環外掉。有噓無吸。故謂之漏。

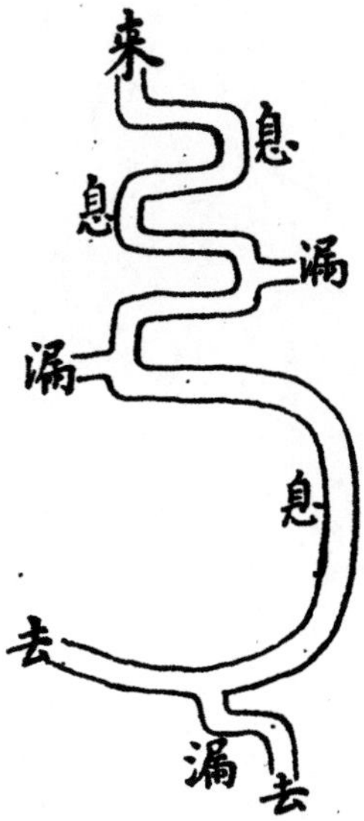

胎息篇

龍以幹行。穴以枝結。結龍之水。更辨胎息。幹水有息。幹氣以鍾。枝水無息。枝水終窮。何謂息道。觀水轉環。轉處不分。元精內涵。一轉一息。一息成胎。胎息多胎足。磅礴雲雷。若見分流。內環外掉。滋液滲漏。物華中耗。雖有轉形。止名漏道。息道氣聚。交雄媾雌。漏道氣絕。鳳瘦鸞飢。惑此二道。龍穴安知。

上章既分水龍枝幹。此章中明枝水幹

水各有結與不結。不得概以枝水即是結氣也。若是胎息。雖在幹水。亦為結氣。若無胎息。雖屬枝水。亦為不結。息道者。水之曲屈轉灣之處也。然轉處又須毫無分行滲漏。方為息道。盖水脉一轉。則地氣一蓄。若有三轉四轉。其地之真氣。蓄養純全。胎元滿足。葬下立法。福澤悠久。雲雷變化。定產賢才。或水雖曲轉。而轉角之處。別有分流。兩路三叉。則元氣

家秘本

通流彙合之處○是為衆水之門○見醒心篇○

盡矣○謂之漏道○豈有龍胎乎○大都幹水行龍○須幹有息道○而後龍為真龍○枝水結穴○須枝有息道○而後穴為真穴○小幹有胎息○亦可立穴○不必皆枝也○若無胎息○并不可名龍○何況求穴○世人但知曲水為秀○更以通流彙合之處○為龍神蓄聚之鄉○終不知息漏二義○滔滔天下○無非盲瞽○豈不哀哉○

家秘本

此篇言胎息處有星象而兼及於垣○無精不曜二句○言有是五行之精○無不現五行之貌也○

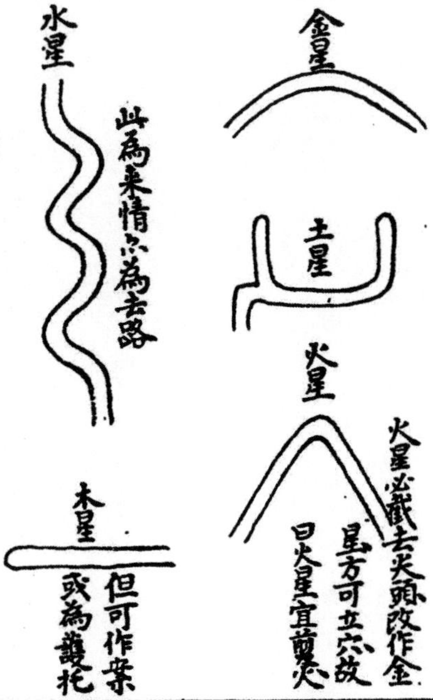

座下一官○承三垣來○有類之者○謂水星類之○

辨象篇

天有列宿○地有群生○群生之體○因宿象形○無精不曜○無貌不呈○山星易曉○水星難明○吾為指出○覺爾迷情、、圓者金形○直者木體○銳者象火○波者象水、、方正端平○中央之母○五行之中○各有趨避○或獨或兼○變化無紀○不惟五曜○亦有星垣○五曜散陳○得一則尊○星垣合義○倚蓋拱門○三垣帝座○二十八藩○藩中一司○座下一官○有類之者○秉憲執權○

靈源即指水也
星垣下降一段言天有象而物應之萬類千章其中
各蘊男貴女榮文僚武列之兆
指喝形之非今云星化為物自相矛盾

隨星所職以效靈源星垣下降化而為物
為龍為麟為龜為鱉或似鳥翔或似獸立
或象制器或象寶玦萬類千章不可名說
女貴男榮文僚武列各蘊禎符辨之勿失
垣主外勢星主內氣垣不得星垣為虛器
星不得垣星能自制若借外垣感神不世
語予淵微當籌本計識星為先莫貪垣勢
此章言上天垂象聖人則之五帝三王
朝常法典生民日用皆天象所具肖翹

星體不成。何暇言脈運。故水星實為人間之至寶。

一本作穴中惟取金土乃為正結水星須穴外變出為佳木星亦須變化土金乃可立穴火星忌用宜從之

微動之物。亦莫不然。惟地承天。天地之所有。天已懸之。山形有天星。水形亦有天星。但人知山星。不知水星。且有專以地形名星者。所謂眠倒星辰豎起看。亦全未盡。故指水星以覺群迷。此救世之津梁。人間之秘寶。不可忽也。五行各有本形。穴。中。惟。取。金。土。乃。為。正。結。火須剪裁。水星須穴外變出為佳。木星忌用。但可外砂。五星亦有兼體。隨形變化。益兩儀一星為垣。宿兼諸垣。垣兼諸宿。

之內。惟有五行。所以一事一物。無不具備其象。人得一星之精華。使可備五行之妙用矣。天象五行為緯。二十八宿為經。三垣者。又其主宰也。然垣宿亦不離五行。水龍兼數星之體。即成一垣宿之局。又借外水以為蓋照拱抱。構成堂宇。廣闊門墻。即是垣局。然三垣列宿。亦不必具其全形。或得其中一星貴秀。已出群表。其星所應。即以天星所主驗之。能上應星垣即下應萬物。動植鳥獸。制器寶玉。無一不具。官之崇卑。職之文武。惟義所應。畧備玉髓真經。與山同斷。總之外有垣局。不可無內星以立穴。既有穴星。即不合垣局。而元氣周固。大發何疑。故戒學者先須近察穴星。不可遠貪垣局。亦與前章枝幹之論表裏發明。

此篇圖局水龍經載之甚詳可以發明無漏

蔡熙堂傳

家秘本

上言龍此言乘之有首腹掌足之别

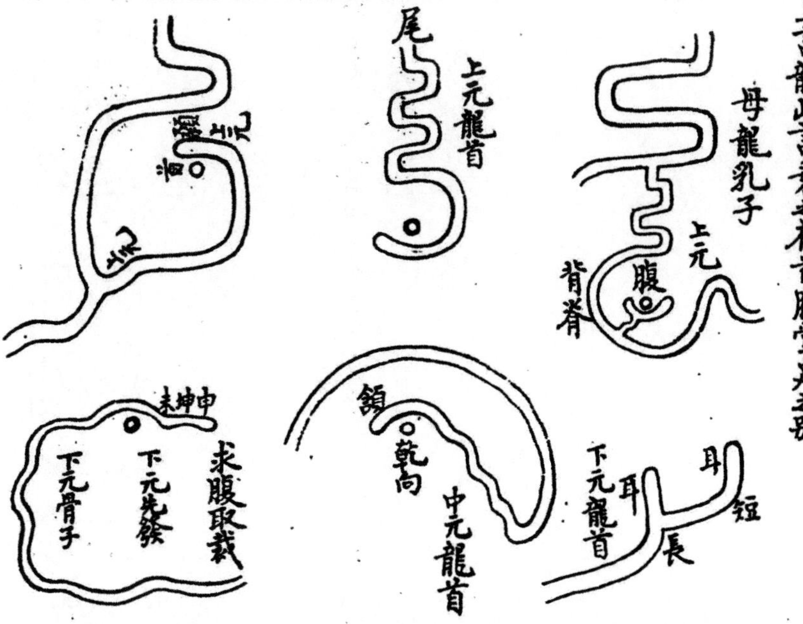

乘龍篇

脉就形成，何法裁之。乘龍之法，弘農所遺。
龍有身首，龍有腹背，龍有龍尾，龍有掌足。
身是龍行，首是龍止，水轉為腹，水出為尾。
短淺小枝，掌足是比，幹龍方行，轉多氣鍾。
法葬其腹，與枝同功，最忌背脊，反殺不充。
若水太巨，雖腹莫庸，復求枝水，輔幹藏風。
母龍乳子，其樂融融，大結之差，能產豪雄。
枝龍息處，氣聚於首，木杪露花，花梢出秀。

家秘本

詳求真息。則龍腹龍首掌足皆有吉無凶。無彼此之別。所謂溥平也。

方葬其耳。圓葬其口。最忌顙角胡頷并齶。
枝盡強直。見首反醜。求腹取裁。情觀其受。
幹上小枝。掌足之形。法葬半盡。懸珠肘停。
忌葬其爪。太過斯傾。亦忌蹉脛。不及則崩。
詳。求。真。息。三格溥平。

上章既詳胎息真脉。復詳星象真形。龍穴之道。思過半矣。然其乘龍裁穴。必有下手作用。晉贈弘農太守郭景純先生遺法至今存也。其法以水之行者為龍身。以枝水止者為龍首。以枝水出處為龍尾。以枝幹曲轉處為龍腹背。以小枝為龍掌足。皆因象取義。不可拘執也。幹水雖是行龍。若有幾轉。則眞氣藏蓄。胎元已足。就腹作穴。與枝龍力量相等。即前所謂幹水有息。幹氣以鍾之說也。若灣抱之外。反突之處。象龍背脊。全無包藏充寔之氣。斷不可穴。穴則敗絶。然幹水下穴。兩岸相距止十丈左右。乃可就

蔡照堂謄

腹取裁。若太濶大。至於二三十丈之遠。便名江河。止堪為結龍之地。不堪為結穴之區。倘就腹下穴。雖極環抱。亦不能發。所謂幹龍氣散難求穴也。須別求近幹枝水立穴藏風。而以幹水為外抱。則子母相涵。有乳養之義。必生豪傑。建立大功。福力厖厚。非小小富貴可比數也。枝龍之所以取盡者。其枝長大。到頭環轉。如木杪花梢。得雨露之潤。英華妙液發越於脉盡氣鍾。其形方者。两旁有耳。皆可下穴。從長酌取。其形圓者。圓處是口。止下一穴。若當止水鋒首正中。是為龍顙。水氣直衝。止水鋒旁两角。是為龍角。其水偏射。皆未火之交。斷不可下。其圓水環抱之外。形象胡頷。其勢反背。如頷下逆鱗。豈可攖之。亦有止水盡處。其形醜拙。斜飛反竄。不成星體者。難下龍首穴。須退出別求龍腹可受之處立穴。

又不可拘盡氣穴也。更有幹上小枝。水道短淺。不成龍身。止作行龍掌足而論。其立穴又不可求太盡。以水脈不遠。兜氣不深。到盡處反無力也。穴下半盡之處。是為中氣脈就兩平。肘上懸珠。亦是取象。不必以辭害志。其太盡處為爪。曲突處為脛。太過不及。皆不可穴。葬法雖有幹龍大枝水小枝水三格。穴法不同。然總以息道為憑。三格皆得其平矣。再四叮嚀。而要歸於眞息。學者不可不察也。

家秘本

此章言立穴以御龍。止於攀騎挾三格。而三法各以後蔭為貴也。

若逢四隅二語。謂四隅皆有水。立穴仍以一水為主也。或云來情偏在穴之四隅亦通。

胸脇挾龍湧泉攀龍。此但形容其水勢如此。實則皆水脉接首氣蔭腦宮者也。以挾龍水居一偏。攀龍尚待克化。故謂之次格。若單是攀龍無後蔭。則氣多從湧泉入矣。

騎龍穴逼近後蔭水。要看後面水面丈尺。攀龍穴大抵在前後二水之中間。要看前水最近一節丈尺。

御極篇

穴以御龍。曰惟三極。據水在後。騎龍之格。
倚水在旁。挾龍於腋。親水面前。攀龍之的。
若逢四隅。不離三式。依形化裁。因勢取則。
上格騎龍。氣蔭腦宮。中格挾龍。逼脇當胸。
攀龍湧泉。久亦真通。二法雖亞。但貴氣鍾。
氣鍾之穴。與上同功。更有後蔭。依佚無窮。
我抉其微。天驚地動。氣周八國。安取後蔭。
至道根荄。造物所吝。人稟元陽。藏神泥丸。

駢龍之後蔭在局内挾龍攀龍之後蔭在局外挾龍貼左右水立穴攀龍立穴於向水後蔭之中間非若騎龍緊貼後蔭故曰微分近遠
迴紫抱黄之義尚環轉即天元歌所謂平氣不如環炁足也回紫蓋攀會狼以側其餘其回紫之處稍稍環轉便是抱黄三極一元謂攀騎挾三格生炁歸於一不旁洩也

下元攀龍

後蔭回紫即是抱黄

泥丸九房太帝宅焉為乾為鼎煉骨成仙
比及物化魂升於天元精未滅天靈伏潛
若水蔭頂養魂得全骨朽復榮魄散再圓
子若悟之神超象先葬山首丘葬水首流
山脈接首與山比遒水脈接首與水比悠
後蔭之法微分近遠迴紫抱黄義尚環轉
息道後抱哉生月滿漏道後抱死魄流涸
三極一元真胎是産
此章言龍穴既定而坐向所以統御龍

葉九升所載千里眼云。點穴之法。出入俱以水濶狹為則。如河濶一丈。穴亦進一丈也。我謂掌足之形。單水抱穴。誠如所訊。或攀龍大局。另開後蔭。照後蔭濶狹亦可也。若不另開後蔭。決無論水面濶狹之理。拘泥尺寸。蔣公亦嘗譏之。

穴。隨形立極。亦有三焉。坐後據水為騎龍格。兩傍倚水為挾龍格。穴前向水為攀龍格。若穴落四隅。因勢立向。近前者為攀龍。近左右者為挾龍。近後水者為騎龍。總不出此三者也。惟騎龍穴法。後水正蔭腦宮。為最上之格。挾龍水在兩旁。氣從左右來。正當胸脇。格法次之。攀龍格水在穴前。氣入湧泉。其應稍緩。格法又次之。二格雖不及騎龍。只要胎息氣鍾。與騎龍之格。原相伯仲。若立穴處倚水向水。而外局更有後抱。與騎龍一體。不分軒輊。發福悠久。豈有窮時。夫此後抱水一法。千古不傳。非世間術數之書可望其涯際。若論乾坤元氣。周流八方。葬法隨方可取。何故必取其後蔭蓋。因人身一小天地。元首象天。乃陽神所棲。泥丸九宮。諸天帝君所都之境。丹家以首為乾為鼎。九轉丹成。陽神破鼎而出。即為天仙。人之死也。魂升於天。亦從此出。身雖已死。而元陽尚有毫髮未盡澌滅。潛伏天靈之內。得天一眞陽水氣灌注蔭養。天魂再生。死者不死。而子孫蒙其福澤矣。若悟斯道。豈非回生起死。功侔造化者乎。蓋葬法未有不歸重於天靈者。葬山則頂接山脉。而後山氣始為我有。而與山比邇矣。葬水則頂接水脉。而後水氣始為我有。而與水比悠矣。

未聞葬山者向山而穴○則知葬水者之向水皆謬也○倚水穴氣自旁入○是從胸脇透入天靈○其情稍疎○其應似緩○向水穴氣自湧泉入○徐徐貫至天靈○其情更疎○其應較遲矣○須有後抱外水○塊汲胎息之氣○則其真息之自旁而來自向而来者○一遇後抱捲而逆上○還歸腦宮○所以與騎龍一體而論也○夫後蔭非穴後有水○即名後蔭也○須後抱者是真息之

水。應哉生明。腦滿而發也。若後抱者是漏道之水。雖其形似抱。空抱而已。應旁死。魄。腦氣洩盡。如何可發耶。是故息道在後。漏道在前。名為坐生朝死。富貴之穴。若息道在前。漏道在後。縱有吉氣入穴。小發而已。不旋踵而衰落。驗諸舊墳。罔不然者。同一地也。而坐向一差。千里之謬有如此者。然則坐向亦安可不慎哉。

家秘本

體○只○是○陰○陽○用○是○陰○陽○之○次○序○用是用其體○非此之用○可兼彼之體○或謂元運洛書兼河圖○一六同宮○上元坎得令○乾亦隨之○豈不可笑○辨色立數○飛居都會○謂九宮顛倒分屬九州○地之方位一定○而天即布化於其上○斗杓一日夜環指九宮○生氣流行○充塞宇宙○斯理顯然可見○至其間此衰彼盛○二十年而小變○六十年而大變○則非人之智巧所能推測也○

二五謂十干○居中○謂居宮之中與正○

高山有絡一段○此言平地之氣○與高山不同○高山從父母結穴○必先從父母出脈○從子息出脈○必仍從子息結穴○若平地之氣○浩蕩平夷○父母子息○無絲毫界限○故一分干支○一不必更立干支名色也○下文方言乘之之法○註雖有干支陰陽等語○然不得泥此而疑

定卦篇

在昔神聖○天錫圖書○先天後天○表裏默符○

立體致用○一元所孚○本無兩象○豈曰分途○

八卦之方○九宮之位○辨色定數○飛居都會○

斗杓應之○以旋元氣○管握四時○充塞函蓋○

干則有十○支嬴其二○二五居中○四維隅峙○

二十四道○燦乎不昧○遡厥原初○實惟卦體○

高山有絡○絡則分經○平地有氣○氣則同情○

此段只○言平地之○氣浩蕩無○根非如山○龍之分○殊途殊執○以起下文○無閃峽起○

茫茫庸術○干支徑庭○至人寶秘○隱而不評○

山龍獨有淨陰淨陽作用。

陰陽截然。謂四偶四部。從無差錯。

滴水先到。謂穴場最近之水。即來龍即命脈也。以命脈不在多。故謂之滴水。以其最近。故謂之先到。

水脈不離。謂龍與局合。來龍是骨。穴地是肉。骨親肉貼。則龍局皆得矣。

胎即局之精微處。恐人既知其為坎局。而仍用壬兼亥癸兼丑分金。既知其為震局。而仍用甲兼寅乙兼辰分金。故特戒之。蓋欲局合龍。向又合局也。

八卦皆涵言前後左右星卦皆歪斜差錯也。必辨入纖埃。而後立向無失胎之患。

吾令敢泄蒙害救民。嘗發大願。恐干天刑。（伏與祖宗子孫之別也。若水道交龍。以祖。宗。子。孫。分別高下。穴之與山龍同。）

丙丁皆離。壬癸皆坎。四正四維。同歸畔岸。

正以干輔。維以支替。陰陽截然。不相泮渙。

何以乘之。非關非峽。亦無起祖。亦無轉結。

隨地成龍。隨地成穴。滴水先到。真氣拈攝。

水脈不離。骨親肉貼。既知辨局。更畏失胎。

失貼之處。一毫以乘。艮與震類。兌與乾猜。

八卦皆涵。言之可哀。分星定位。一謬百危。

欲求珠貝。乃得塵灰。此詳堂氣。分別加挨。

家秘本

星符即元運。亦有兼宮。星符皆好。如中元壬向兼癸。下元丑向兼癸。元運兩利者也。此承上文立向而言。若穴的係兼向之局。外應又與兼向相配。是謂星應皆兩宮之所喜。雖雜而不清。亦能獲吉。旺氣兩來三息四道。謂下元一二三加上元七八加。各有水來會成一局。端麗方能純全傾欹必至差錯。辨清辨雜二語。總結上文。如兼宮而能星符皆好。是亦清也。

龍合局

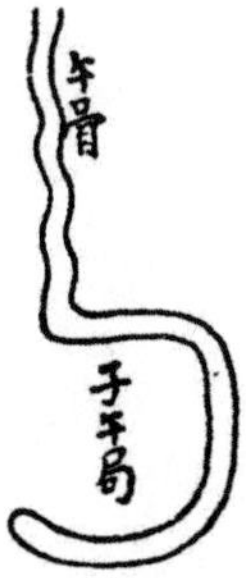

午水居巽方是謂龍不合局上元不可用

羅經一定。辨入纖埃。亦有兼宮。星符皆好。一胎所育。兩嬰懷抱。此衰彼盛。容顏難老。旺氣兩來。三息四道。交媾噓吸。陽施陰抱。是在格全。傾陂勿實。辨清辨雜。斯為卦要。

此章言河圖洛書。雖有先後天體用之殊。實則一元而非兩象。地之用洛書九宮。乃先天河圖也。八卦定位而九宮飛行。所以象斗杓之旋轉。此理充塞宇宙。無物不具一洛書。而地者其大象也。方

家秘本

隅雖有二十四道。其體不過八卦能統攝之。故四正以干為輔。四維以支為輔。五帝三王。分天下為九州。即是大九宮。明堂太室。即王者端居建極之九宮。井田之制。即民間之小九宮。先王體國經野。莫不如是。後世寖失其法。而以山龍混之。反失地理之正矣。蓋山龍有脈絡。譬人之筋骨。自頂至踵。一絲相連。亂而有經。故分干支。若平地則如人之血肉。

觸處流通。不可測其何處而來。故不尋干支脈絡。但領八方之氣。陽卦則干支之陰者皆隨卦而陽。陰卦則干支之陽者皆隨卦而陰。不必更立干支名色。以平坡之氣。浩蕩無垠故也。若其乘之之法。又非實地連綿處為龍。則關峽起伏俱非所論。祖宗子孫。亦無差別。隨地皆可立穴。只以立穴處一滴相近者為先到。便是真氣流露。與此水相親。即便成局。假如外應堂局元運等類○皆利此局○而此局內之氣未清○不妨少加人力以清之○斯為裁成輔相之妙○今之時師○亦有能言局者○而所下之穴○往往錯誤○禍福天淵何也○病在下局不真○所謂失胎也○失胎則一毫之差○千里之謬矣○益辨局要將羅經格定○看此地是何堂氣○所謂堂局者○非明堂之堂○乃論貼身所近之水○不拘前後左右○皆為堂氣○此水近在西方○

甲向下元為衰。上元為盛。兼寅三分。則甲氣不全。雖遇上元亥卯未年。亦不發福。一遇坤運寅午戌年。必有禍矣。

收寅甲之氣是矣。不知此氣甲宮兼寅。則甲不清而犯寅氣。若在上元。去衰就盛。亦不發福。更收艮宮之氣。不幾求福而得禍乎。八宮皆如此辨。不可不慎。亦有兩宮齊到雜而不清。亦能獲吉者。則以星應皆兩宮所喜也。更有一種奇地。兩宮水到。或三四齊到。此為群精媾會胎息交通。最為和美。三元不敗之地。但須體格端麗純全。如有一毫傾欹斜倒。

或其收氣之水參差零雜○即非真地○反

不如单局之力專矣○

第一星體 即金土二穴星也

第二龍神 辨其一卦與兼卦先看金龍動不動次察血脉認来龍此第一第二之序也

第三堂氣 於水之來處盡處辨所受之八尺不雜而生尅制化之妙在其中

第四朝向 謂向上蓋水

第五形局 氣屬水形屬地既已後有蔭前有蓋便當觀其實地門外并道路何如也

第六高低 即幕師千里眼之法

第七外應 如山峯寶塔大湖大蕩之類在星垣之外遥遠之處

第八翼衛　謂有星又有垣

第九緊密　此統承上文而言相照相稱便是緊密

第十元運　元運無所不貫又為秘指故居於終

此篇專論立穴明堂局焉

坎令乾旺之謬。已見前篇。或又云水能生木。坎令巽亦旺。則先天五行。無生尅。楊公已明言之矣

山龍以山多之處為力厚。水龍以水多之處為力厚。星曜全強。謂得居父母之正中。

審運篇

日有中昃。月有盈虧。地有衰旺。家有廢興。

天道之常。物無遁情。朝而鼎食。暮而丐烹。

運逢忽敗。知者先明。朝哭於巷。夕歌於庭。

運逢驟進。愚者莫驚。其運維何。九宮之次。

上元一統。黑碧佐治。中元四綠。五六鼎峙。

下元七統。八九迭制。元中正運。元外餘氣。

餘氣既竭。王公輿隸。地力敦龐。星曜全強。

康衢奮步。險道可航。地力偏薄。星曜踳駁。

福來不全。禍來絕索。二衰一旺。休咎相代。
兩衰一旺。旺不能載。兩旺一衰。衰亦何害。
下士失時。河清難待。上士乘時。援師救敗。
移易陰陽。更張莫懈。細察星方。以防其潰。

此言天道無百全之數。故有陽九百六之災。雖至美之地。不能有旺無衰。至德之家。不能有興無廢。禍福倚伏。蓋有不得而逃者。全係乎三元之運。運旺則單門驟發。運衰則久貴忽傾。人但見其止此一坟。止此一宅。而前後之不侔如此。及(反)以地理為不足信。豈知坟宅不更。而元運自轉。陰陽之道。間不容髮。惟知者為能先覺耳。元運者。上元甲子。以一白坎為統龍。二黑坤。三碧震輔之。共主六十年。坎先管二十年。甲申入坤。甲辰入震。各管二十年。然雖有未來過去發福先後輕重之不同。在一元之中。則皆秉旺氣。中元甲子。以四綠巽為統龍。五黃中宮。六白乾輔之。主治亦如前。下元甲子。以七赤兑為統龍。八白艮。九紫離輔之。主治亦如前。歷驗已往之地。則上元三龍。在中元未嘗不發。蓋中元即上元之餘氣也。嘗聞之我師云。坎離為天地之。中。氣。中男。中女。即先天之乾坤。中藏戊己。真土。故三元。不敗者。多。震木以壯而根深。兑金以少而堅剛。且為日月之門戶。春秋之平候。故亞於坎離。艮之象

家秘本

為山山不可移其質堅矣故其火亦比震兌乾為老亢之金坤為既產之土五黃廉貞之火亦無根源依物而炎故皆不火巽為稚木奇花爛熳不耐風雨尤為易衰然龍運雖定尤當以地力消詳之若地力厚而星卦純雖入敗運止於不發尚可自保地力薄而星卦雜雖入旺運縱發亦多顛躓五福不全且齊民止一墳一宅則無牽掣巨家坟宅不一

家秘本

又當參觀若有兩地一衰一旺互相抵當能享平福又當審其力之大小以决勝負一衰不敵兩旺則旺能為福一旺不敵二衰則衰能為害予嘗見處衰宅而發者必有佳墓亦有葬衰墓而發者必有佳宅或遠祖坟正得氣而新葬之禍未彰或新扦美而不發必舊坟之凶煞未除要之上吉始能雪小凶而祖禰更加於高曾耳作者求失元之大地不

如得及時之小地。人壽幾何。待其去衰入旺。身與家同敝矣。故吾師嘗教人開塞。以就本元之盛。真良工苦心。但須斟酌星卦之合否而後從事。切勿妄動。自致潰敗為也。

天啟甲子以前。公卿驟發。及有素窘而橫財致富者。皆四五六之地。一交甲子。巽地忽然敗絕。而兌地皆發。甲申乙酉之難。凡被禍者必五六之地。則知巽無

家秘本

鼎革時。八白主治。所以坤盡亡。非坤之力。果不如震也。前云乾為老元之金。坤為既產之土。故皆不知。後則云上元龍所及較久。故坎坤不替。後說較長。

餘氣。黃乾餘氣。止二十年耳。今之趨時得志。及株守保全者。必兑艮離也。坎至此時。有存有亡。坤盡亡矣。震則亡多存少。陰宅尚餘十之一二。陽基則盡矣。可見上元龍並旺中元。中元龍亦旺於下元。下元之龍亦當有餘力旺於上元。但此向兼中下兩元言只可一二十年。上元龍所及較久。故曰坎坤不替。

門喻龍。室喻水。陽基震門之炁入兌室。即此理
依此依字指幹水知幹水之骨。方可以知枝水
循其曲折四句。三格皆如是。一炁兼炁。猶云一宮兩
宮。因方定質。只就龍身言。非就穴場言。就龍身所來
之方。定其何脉。別其何元。曰就穴場辨其屬於何公
位。以此斷吉凶。鮮有不驗者。世俗不明註意。乃謂上

來情篇

卦運眞機。問厥來情。來情枝幹。以類分行。
幹水來去。世目易明。枝水有止。來去難明。
枝之入口。吐納滋生。執此言來。其來有經。
穴若乘之。脉氣可憑。若指為去。倒置不寧。
幹水來離坎龍所入幹水來震兌脉不失
八卦之門。各歸本室。枝之來位。依此而立。
循其曲折。視其斜直。度其修短。測其移易。
一氣兼氣。因方定質。分元辨位。應時效績。

元屬長房。中元屬仲房。下元屬幼房。謬極矣。結氣之處。一元融洽。雖有還炁。已爲來炁。所倚止水短。流水曲。方有還氣。不短。不曲。只是向外。起去。又須知水龍。必。是。脉。去。局。來。脉。衰。局。照。方。有還氣之可言。還炁不敢進炁。若與進炁並重。則龍尾亦可穴矣。

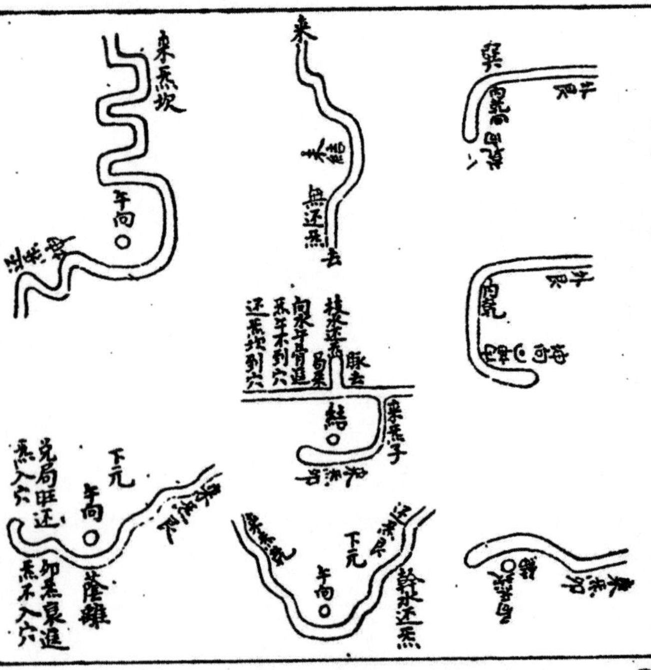

幹水去地。亦有還氣。還炁注。蔭與來不異。枝水中停。其還旋至。候止候。還審來審去。入紗通微。始全卦義。

此章言前定卦審運。地氣衰旺與廢之道。幾乎盡矣。不知運之克應。在乎卦眞。而卦之眞偽。在乎來情。來情者。水之去來也。水之來去。即地氣之來去。故卦運非。此不眞。而論氣脉者。所首重也。立穴所。來。之。局。炁。不。敵。水。路。所。來。之。來。氣。善

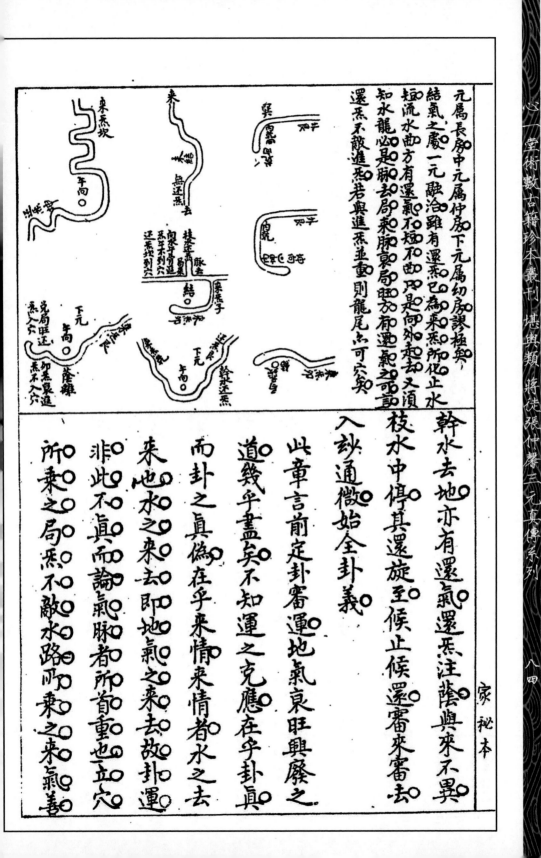

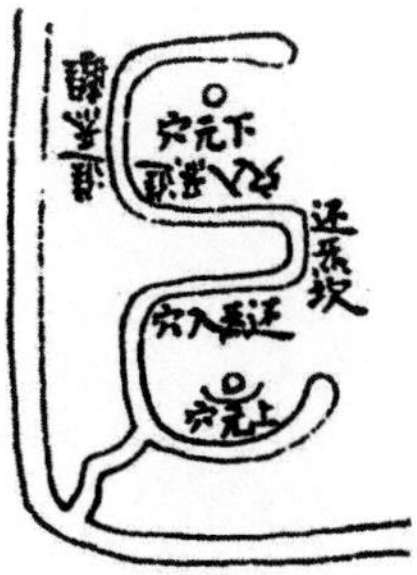

下元穴真宜貼後水上元穴
不甚真不宜貼後水
進口艮骨坤炁故有上元
一穴八

於乘氣者知來氣之精微則局氣又不足言矣餘水有幹水之來枝水有枝水之來幹水之來去易知而枝水之來去難知今人但知水來之方為來水去之方為去以此概論幹枝則謬矣流來為來流去為去通行幹水則然若夫浜漊停止不通之止水則反以止處望出處為來出處望止處為去蓋水之行脉與山無二山以幹之落處為來以枝之盡

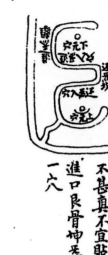

處。為。止。惟。水。亦。然。自。江。湖。溪。蕩。流。入。心。枝。則。流。入。之。口。為。來。而。水。之。盡。處。為。止。矣。故枝水葬於盡處。世人以為源頭水尾。有出無入。有去無來之地。而不知乃有入無出。有來無去。真氣止息之地。所以發福易而歷年亦久也。凡水路來自坎方。即為離龍。水路來自離方。即是坎龍。八卦皆然。又須循其曲折。離上有一曲折。即是一節坎龍。離上有二曲折。即是二節坎龍也。視其斜直者。若是離方來。直至坎方止。則為真坎氣。若是離方來。又斜過左邊向巽方去。即為坎龍發足。乾龍入首矣。度其修短者。離路水長。坤路水短。即為坎氣長。艮氣短矣。若離路水短。坤路水長。又為坎氣短。艮氣長矣。溯其移易者。有從坤方入口。又行巽方一轉而後結穴。則為外艮內乾矣。有從坤方入口。行至巽方一轉。又行至艮

家秘本

方一轉而後結穴。即為外艮。內乾坤矣。如此變局。是不一端。故地有一氣者。有兼二氣者。有兼三四氣者。以其水行方位。定龍之質幹。以此分上中下三元。辨長中幼三位。應時取效。永無差忒。幹水結氣。立穴之後。必有去水。此去水流處。必有還氣。如水從巽方來。又從坤方去。向南立穴。則為左乾右艮矣。如水從巽方來。又從乾方去。向巽立穴。則為前乾

兩元各有衰旺其禍福之應在三合年中

後巽矣水從巽方來又從兌方去向南立穴則為左乾右震矣一元位上來去一元大發兩元位上來去兩元衰旺分應歷歷不爽枝水如不葬盡處塟於中間則到底一節亦同去水亦作還氣論如坤水曲折而去至艮方止而就中停上立穴作為巽向是左坤右艮之局矣蓋穴迎來水為氣之止穴迎去水為氣之還審其來即知氣止審其去即知氣

還。此章論來論止之法。必須精詳變化。入紗通微。而後八卦之義。毫厘辨晰。無有不全。而三元氣運衰旺。絲髮皆照也。

天心尋十道。此篇盡之。

局炁之理。宗水注受。即龍。合局。之。義。謂来龍之水。注於此水。而此水足以受之也。分水與龍而言。龍為雄。水為雌。合水之為龍與穴之為主而言。則主為雌。水為雄矣。其一注一受之義同也。

浮光露影。謂疏水。轉輪。猶云改轍。疏水非能入穴。而穴中之氣。自與之應。所以內奪於外。有轉輪之勢。八宮化現一陡。兼親水疏水而言。深潤為大。淺狹為小。居後居中為動。在前在旁為輕。重而大者為主。小而輕者為賓。此賓主與下文賓主似異而宗同。

注受篇

局氣之理。實水注受。親水於離。坎脉斯有。
親水在兑。震氣入口。以及八宮。宮宮可剖。
主。雌。水。雄。相為。牝。牡。亦有變氣。以疏奪親。
浮光露影。地氣轉輪。親水在乾。疏水在坤。
内氣專異。外氣艮分。八宮化現。二偶三隣。
但有水現。氣即交侵。两枝連理。駢拇雙姙。
莫論一局。夭命喪身。大小。輕重。以別主賓。
親者宮神。疎者照神。照神有二。目接斯眞。

家秘本

滿照瀦漾。動照通津。照本窅位宮。乃主人。主。勢剛健驕客。伏卧窅勢大盛。主權不振。窅主交致。此謝彼新。詳觀遠近。以時屈伸。

乘氣之法。莫或汶汶。

此章言八宮立局收氣之理。本以貼水接脉水氣注受。雌雄交媾而成局也。貼離水為坎脉。貼兌水為震脉。八宮以例推之。此定局也。亦有變氣為局者。局外特出疎遠之水。浮光露影。奪其局中之氣。如乾水立局。本是巽氣。而坤宮有水現。則為內巽外艮。凡八宮立一局者。有他局水現。皆能奪本局之氣。以至二水三水。叅差並見。無不皆然。若止執近穴一局而論水。葬兑而變震。下元必衰。葬巽而變兑。中元必衰。求生得死。求盛得衰。未有不失命喪身者。今人但知為合元之地。豈知有失元之氣以奪之哉。其間必當權其大小輕重。以斷主賓相勝之數。蓋親水內局。是為宮神。疏水外局。是為照神。照神亦有二等。通流曲折者為動照。蕩漾積瀦者為滿照。二照力均。總以目所覩者為真。望之。不見。其力微。矣。夫宮神為主。照神為賓。本是定位。然須宮神水道深潤。更是重重息道聚氣之局。而後主勢剛健。外來照神之水。終是浮氣。不能奪之。故當主局元中。不被其害。若照神之氣。過於宮神。宮神之氣。

反又微薄弱主不能制強賓則當主局元中必難發福直待照神所旺之元乃始暢發亦有宮神照神主賓齊勁則一元萎謝一局更新反成三元不敗之地更須叅其尺度之遠近以決發福之後先大約地氣之應自近者始宜於本元水近他元水遠然後下葬自近及遠以漸蔭應斯為順理若本元之水遠而他元之水反近則初葬之時雖有照神控

制。終嫌本局不得旺氣。難求速效矣。

家秘本

先天惟乾坤。後天惟震兌。陽居陽。陰居陰。可見先天以乾坤為體。後天以震兌為用。

先天元氣。至化育萬方。論九星地之嘘吸。至不同而同。論水泉為九星所化地之九宮。至潛符默導。論宗地為九星所司。無央。即無窮無水之地。猶天之辰。其水猶二十八宿。皆北斗陰精所化。委不一委。源不一源。此即運九曜以扶八宮也。八宮八字。亦當作九。兩卦相對而成行。一卦細分各有位。相比。即交媾之義。承父母句來。相從。即同情之義。承子女句來。明二十四位。止於九曜統之。顛倒錯亂。謂會北巨南。無可循之序。不同而同。謂三星合為一運。三卦專指宗地之三吉而言。三吉之推移。皆九星潛符而默導之精氣

從天四句。統承上文二段而言。三元各有輔弼。雖無咎。而不可為立穴之主水。所以但宜於前不宜於後。若舉龍後。陰既經尅制。則不得以輔弼名之矣。四凶謂三吉之對。與輔弼之失宜者。時師見為向空而已向宗也。見為內流而已。外流也。見為流非盡結而已儼然勿休也。皆所謂宜嗔而喜。宜樂而憂者也。向上

星符篇

先天元氣。化為天皇。端拱紫微。以執天綱。
尊星帝坐。與七同行。化成輔弼。陰扶斗罡。
北極至陰。實秉至陽。坎中一氣。先天乾藏。
主司六合。旋轉無央。八卦之母。列宿之王。
斟酌元氣。化育萬方。地之嘘吸。內發黃泉。
地之方位。上合蒼天。虛位辰次。水位星躔。
斗精所化。委委源源。運此九曜。以扶八宮。
是大五行。名曰玄空。父母交歡。子女繼宗。

內流為宗外流即為空流之盡處固吉凶所係然不盡而流曲折有還照其吉凶亦相懸

精氣從天葉九升平陽全書改作消納從天大謬下文駁消納從天之謬

地母卦即五鬼卦坤山從離起離山從坤起陽宮起法即位位起廉貞例也謂離山則坤廉坎武兌破震輔離貪乾巨巽祿艮文坤山則離廉乾武巽破艮輔坤貪坎巨兌祿震文若坎山乾起則乾廉離武艮破巽輔乾山坎起則坎廉坤武震破兌輔也陽宮用標出以貪巨武輔收來水

翻卦訣

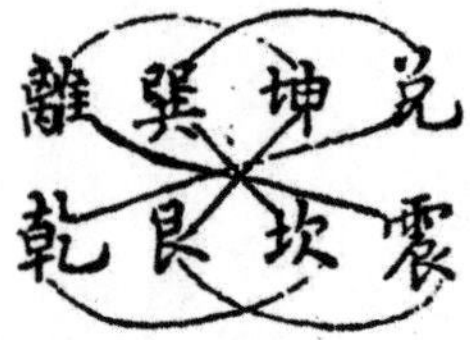

行行相比位位相從顛倒錯亂不同而同

地之九宮即天九曜白紫分輝餘色隱照

三卦迭推潛符默道精氣從天厥有父道

胎息從地如母之保天道主施地道主受

三吉為純輔弼無咎但宜於前不宜於後

若涉四凶神聖莫救關路欲清法當詳究

亦有隱曜天外浮空隱之畢寂照之畢收

更有轉曜其變難求宜嗔而喜宜樂而憂

向空向實內流外流流不必盡其流勿休

天父卦以對宮起貪狼。乾山從兌起。離山從震起。謂乾山則兌貪。震巨。坤祿。坎文。離山則震貪。兌巨。坎祿坤文也。對宮用父標出。以貪巨輔武消去水天地。有變化。而無盈虛。翻卦之說。盈虛極矣。衬差各山加震宮之法。同一伎倆。其所繪圖。皆當以一笑置之。

翻卦之法。天父之貪巨武輔。即地母之文祿破廉。其亦竊聞顛倒顛之說。而强為之解耳。

乾純陽。坤純陰。六子不外陰陽。則亦乾坤也。坎離為陰陽之中氣。而乾坤先以中氣相交媾。則亦坎離也。後天之坎離宗代先天之乾、□以其為中氣也。後天之震兌。宗代先天之坎離。以壯陽少陰之相稱而中氣之次也。若老陽壯陰為過。而少陽老陰為不及。中則不居。不居於正。而居於偏矣。要之先天無一爻不交媾後天則居中者以中爻相交媾。居偏者以初爻末爻相交媾。無一爻不交。不交媾者。渾全之體。以一爻相交媾者次第之用也。此乃造化自然之妙。聖人觀象之旨。宋儒尚未見及。今註言四隅乾坤艮巽。而以離代坤明

挨星之訣。至聖所秘。有得之者。掌握天地。
唯此五行。五命司契。諸家妄作。盡為妖魅。

此章專言天地之內。氣化流行。皆九星所主治。混沌未開之始。有先天氣母以虛無為祖氣。化為九星。以成天地。一曰天星大帝。即尊星。二曰紫微大帝。即帝星。三曰北斗第一貪狼星。四曰北斗第二巨門星。五曰北斗第三祿存星。六曰北斗第四文曲星。七曰北斗第五廉貞

離之外象乾。而稟坤之中氣。坤之外象坎。而含離之中氣。亦乾坤。坎離。坎離。乾坤之義也。而愚心且悖者憑聽求之。則以為翻卦之說在是矣。

按以上諸篇幹枝。即來情之龍身胎息即注受之星體。乘龍承幹枝訣。御極承胎息訣。定卦詳言辨局立向。所以晰注受之精微。審運務期地厚星强。所以著來情之差等。要之。然互見之詞也。辨象取五星之象星符取九星之名。引天說地。一則渾括。一則備詳。總不外來情注受兩端而已。

星。八曰北斗第六武曲星。九曰北斗第七破軍星。而尊帝二星之餘光。又化為輔弼。在破軍之傍。隱而不見。皆高居紫微垣內。以主宰天地。紫微垣者。北辰天極。在天壬癸之方。極北至陰。而實一陽所自生。坎中藏乾爻。有此一陽。而後群陰群陽。無不普遍。故能維繫天地。旋轉造化。斗柄所指。四時之氣隨之而轉。以此九星之氣。下施於地。化生萬物。故人之生命○無不繫屬九星○然則窮通壽夭○豈能逃哉○地氣雖發黃泉○宗與天之方位合○一地之虛位○即寥廓無星之位○天之次舍所謂辰也○地之水道○從天津析木而來○即天星所躔○辰與星皆本於九星○所以地之吉凶○純以九星為斷○地之九宮○正與天星合德○在九宮、則貪狼即一白水○而於星化為木○巨即二黑土○祿即三碧木○而於星化為土○文即四綠木○

家秘本

而於星化為水。廉即五黃土。而於星化為火。武即六白金。破即七赤金。輔即八白土。弼即九紫火。而於星化為金。五行雖無定數。變變化化。乃五行所自出。先天一氣。故曰玄空大卦。五行具乾坤艮巽坎離震兌。乃卦爻父母子女相得自然之次第。非人之所能造。顛倒錯亂而愈井然。不同之中。有大同者存焉。卦則以乾坤為父母。以六卦為子孫。二十四道○又以八卦為父母○以干支為子孫○蓋地氣本天之九星○運而不息○流行八方○有所自來○故三路歸於一卦○凡地須单收三吉輔弼○不可雜以四凶○吉路又要極清○若吉凶各宮齊到○應吉者吉○應凶者凶○若吉凶同行而至○則吉中有凶矣○影曜者○內堂不見之水○還去數里之外○若不照穴○則隱而不見○禍福驗遲○若一照穴○則禍福立應○更甚於內堂之水○蓋水

之能為禍福者。其光氣為之。如三光之照物。遠則光愈顯。所以力愈重也。有農夫之家。小舍發福。一起高樓即敗。見外凶水也。有初塟不發。樹木參天而後貴。見外吉水也。轉曜者。有內卦旺而力薄。外卦衰而力厚。則轉為不吉矣。有內卦衰而力薄。外卦旺而力厚。則轉為吉矣。向中有來水為實。向無來水為虛。向亦有吉向而反為凶。有凶向而反為吉者。

葢星卦不明。衰旺必有病矣。然星卦以貼身一滴為准。若前水遠歸坐後而去。或一里二里。開一大漾。穴中復見其影。仍作來論。吉凶亦必顛倒。學者慎之。此挨星訣天地所秘。古諺云。有人識得挨星訣。朝是凡夫暮是仙。能盡挨星之用。造化在於掌握。噓吸通於帝座矣。古人傳書不傳訣。恐干天怒也。除此大五行外。有正五行。八卦五行。洪範五行。皆非地理乘龍立向之用。不可引入。至於雙山三合。支離勉強。尤為不通。夫盈天地之內。惟一氣化生。生則無乎不生。死則無乎不死。豈有限定其方為我生。其方為我死者。此皆後人傅會之談。學者慎勿為所惑焉。

原隰乃實地之名。山龍石脈，必有左右龍虎。水龍地砂非、有龍虎之可認。故曰卑受之氣，不離前後左右，前後皆就穴場認。

漸高漸低，漸字要認。千里眼云、穴左霎時三尺低，長房子孫殺三妻。穴右霎時三尺低，二房必定損三妻。

原隰篇

水龍之地，與山相貿。山之生氣，鍾於高阜。水之生氣，鍾於卑受。高阜之氣，不離左右。卑受之氣，不離前後。何謂明堂，堂前地高。高而漸高，代産英豪。如或傾瀉，貧窮逋逃。穴後地低，如凴黼扆。低而漸低，葉葉不摧。如或隆起，絕世無兒。穴左坦然，青龍蜿蜒。長子亢宗，家餘賦錢。穴右土厚，白虎短脛。少男疾病，常遭禍咎。卑而太卑，當作水推。

能奪正局相土須知大江以北千里平陸
土常有餘水常不足高厚為岡低平為谷
春雨秋霖為洩為蓄何必江湖而後成局
宜詳尺度兼別砂族剖露一端以談地軸
此章言高山與平洋事事相反山龍以
高處為生氣水龍以卑受為生氣正以
山龍從山上高處來水龍從水中低處
來也凡平洋穴後龍宜低坦一步低一
步此為後龍綿遠子孫悠久蕃庶壽考

無涯。穴之左右。亦須低坦。乃為龍虎環抱。穴中氣足。左低長發。右低少發。若穴中有高地。或兩重靠山。塋下損丁。子孫希少。漸漸高去。後嗣必絶。青龍高。長子貧窮。白虎高。季子消乏。惟明堂之內。則宜漸遠漸高。為送水歸堂。大發財祿。傾瀉蕩然。則財散矣。然三方低下之處。必須四望平夷。若有一處極低。便作水論。依水立局之氣。反為所奪。局氣不真矣。

且江南多水之地。以江湖溪澗為龍局。江北中原千里平曠。無水可收。即以低地為水。高地為龍。便成九局。以斷吉凶。若雨下時。其低處即有水脉流通。便成枝幹。外有數重陰砂衛穴。即大地矣。偶因原隰露此一斑。學者即此而推。則中原平龍。瞭如指掌矣。

池沼者若不稍帶長形。則方為禎土。員為禎金。其旁不可立穴。既稍帶長形。而立穴於縱處。則方犯木星之直。而失其為方。員犯火星之尖。而失其為員。故必炁秉其橫也。中正等夷者。蓋欲立穴於方員丈尺之正中。

小湖小蕩之旁。中炁即為中生炁。大湖大蕩之兩生炁斯為中炁。中炁非有一定。故曰推移。圖見水龍經

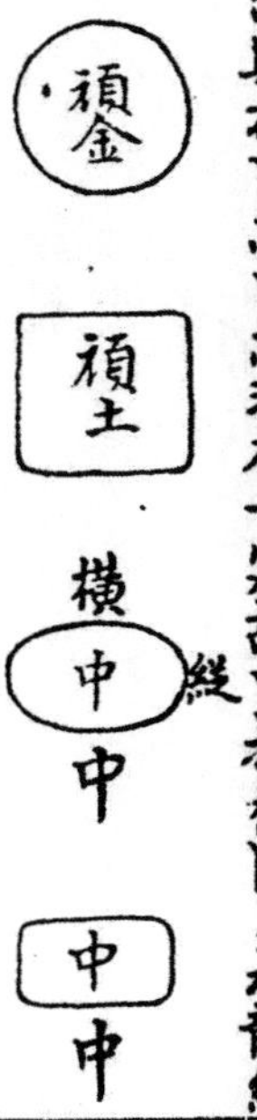

巨浸篇

亦有一方。瀚洋巨浸。雖曰癡龍。豈無良殰
湖蕩池沼。為子復論。縱不生枝。亦有積潤
溯厥根苗。實從元運。裁穴之法。亦有真機
若穴池沼。方矩圓規。氣秉其橫。中正等夷
大湖大蕩。中氣推移。測死測生。目巧在微
變化之妙。義同幹枝。衆水浩浩。一隅可嗡
衆水奔趨。一隅曲入。一嗡一入。衆水駐積
水聚砂回。渟渟滴滴。不散不漫。真氣已蟄

此非癡龍

看來湖蕩非沙洲群聚不可立穴

不可以息漏二道論胎元言巨浸決無環轉之勢湖蕩雖有漏洩又不足為病也後註大蕩為漏道小蕩為息道乃是假借之辞其曰又有後陰是湖蕩中沙洲有曲入小水也此不可多得者若湖蕩乘車穴依小水則不在癡龍之數矣

乘元蔭後○釀福颺疾○此是真息與枝同匹○若無枝息○穴坐其圜倚借外勢○望之淵淵○形○與衆殊○彼媼我姉○日引月長○福必待年○三呉江楚大澤連綿○世家墓宅○亦產英賢○驪黃之外○用綴斯篇○

此章言水龍之分幹枝固矣○亦有湖蕩池沼之穴○在枝幹之外○別為一種○既不可以息漏二道論胎元○又豈容專以癡龍目之○斷為不發耶○此等之地○雖不生枝

亦蓄真氣○只要元運合時○亦發科第○但立穴之法○自有眞機○不得從散漫處隨地下穴耳○池沼與湖蕩○又是兩等○不同一法○池沼顯而易下○湖蕩隱而難扦○池沼只要方員成象平正不欹○便可乘裁○但宜於橫處受穴○不可從直處立局○如一方池○橫○處○看○則○成○土○象○直○處○看○則○成○木○象○矣○圓池亦須微微橫潤○乃為金星開口○太員○則四週無受穴處○及是頑金○何處

下手。凡池沼立穴。須察水之中氣。左右相等。平正端嚴。而後氣脉涵蓄。若立局偏斜。或邊輕邊重。穴中即無真炁。不能發矣。天湖大蕩。則葬法又宜精審。蓋其勢散漫。雖居中正。猶難聚炁。須去死就生。亦從幹枝之理變化而成。但與江河溪澗之枝幹形象迥別耳。假如外蕩濶大。而有一隅內蓄小蕩。與吸水入口相似。又如外蕩直奔。而有一隅稍稍曲入。

其間即有砂角關攔。外來衆水。即於此駐足。即是大蕩爲幹。小蕩爲枝。大蕩爲漏道。小蕩爲息道。即是龍胎。豈非貴地。若得乘元運。又有後蔭。塋下立發。豈必以湖蕩爲緩局哉。又有一種地。既無内蓄小蕩。又無曲水入口。而坐於土圩圜處。形如半月。亦是吉象。更借外砂翼護。望其大蕩之水。對穴淵渟。雖屬流通。而因有外砂。便不消散。且其立局之所。端

家秘本

嚴秀麗。迥與他處不同。移步換形。分別妍醜。則衆穴皆賤。一穴獨尊。理所必然。但其氣脈不聚。難以速效。須日積月累。穴中久久氣足而後乃應。三吳江浙此等地局發者甚多。下此等穴。須於牝牡驪黄之外。另有一種巧法。故特發明此篇。使學者深知妙用。不得概以癡龍忽之耳。

凡墓乘生氣。概謂南北東西交媾之氣。此篇氣交。獨指上下交媾之氣。

氣蒸於上。言地炁之交於天。在棺之上也。蘊松之地。掘至三尺以下。土色皆黑。其為天陽所不及可知矣。欲取天陽。只在土膚一尺之內。

楊卧雲曰。掘土一尺七八寸。着底鋪灰四五寸。棺底約四五寸。棺底之上五寸。乃炁交之處。以上二三寸為土膚。地炁至此而薄。

營兆篇

陰陽二用。妙在氣交。天降而下。地浮而高。土膚之上。媾精之交。嘘吸橐籥。如春發天。笑彼庸術。掘地及泉。氣蒸在上。枯骨不沾。水潦凝積。泛濫及棺。天光不照。常得陰寒。起塚成山。山形寬坦。勢若昂昂。孤峯巉險。妄作垣墉。砂迷水掩。舒則冲和。因則難展。墳前起屋。壓損明堂。陽和晦冥。自失晶光。居中仲廢。居左長荒。若逢右畔。季子茫茫。

碑碣門亭。朝家與制。若據形家。以簡為貴。
玉有微瑕。時為大累。贅此瑣言。以盡大義。
此章言乾坤之氣一日不交。則萬物皆死。不成天地矣。天地之妙。正在二氣交會之中。二氣無處不交。天以至陽之氣下交乎地。地以至陰之氣上交乎天。一升一降。媾精之處。常在土之皮膚。觀其雨露降而草木萌芽。此其驗矣。南方土氣浮嫩。置礦平田。累土成墳。上吸三光之和○下引黃泉之氣○則陰陽冲和矣○庸術以不入土為不得氣○掘地及泉○使棺槨浸潤○骨為寒凝之氣所閉○陽和之氣○反透於上○死者不沾○豈能應耶○殊不知氣化周流六虛○即懸棺空堂○而此地之吉凶○未嘗不應○世儘有浮厝而發福者○不必深入地也○古人不封不樹○今俗尚墳壠○穴須平坦冲夷○乃為合格○若築地太高○累土聳接○則孤露危險○元氣四散○

蔡照堂傳

不歸。更不可輕築垣墉。以隔絶外来秀氣。其垣低平寬大。猶為舒展。若高峻窄小。則名為囚。生氣閉塞。屋宇碑亭墓門等事。一有侵逼。雖屬小失。必有大傷。故畫言如此。

楊卧雲曰。平洋之地。一深即積水。故陰冷而不發。余見地美穴正而不福者。皆坐掘深之病。可不戒哉。

祔葬篇

葬法分穴。如宅分房。房分衰旺。穴分苦良。
先葬就弱。後葬就强。先葬獲吉。後葬蹶張。
亦有佳城。祔葬不寧。一穴奪氣。枝茂本傾。
保護祖根。斧斤勿入。貧賤權宜。昭穆分立。
移宮換宿。至危之術。未覩精微。鮮不踣躓。
方位之法。長子當陽。宮分生尅。尅者無傷。
立穴之法。氣口為先。乘元用事。九星秉權。
兼此二法。昭穆可言。祔中眞氣。必有改更。

保護祖根八句。言祔葬之難。

方位之法。猶云祔葬之法。益專以主穴方位為憑。即下文所云尅者無傷也。此兼主穴而言者也。立穴有法。雖祔葬亦當用其法。此則不兼主穴而言者也。長子當陽。言祔穴不可與主穴異向。猶人君南面而治。繼體之義。固宜然也。明祔穴即乘主穴所乘之氣。祔穴腦後之來氣。必非主穴所能攔。主穴穴前之煞氣。實為祔穴所能阻。故曰煞方添塋反榮昌。

祔穴雖即乘主穴所乘之來氣。然或主穴近後水。祔穴近左右水。則已移宮換宿。真氣改更。不能與主穴一例矣。故仍當用局運立穴之法。

局運立穴之法為本。方位祔穴之法為末。

穴後及左右俱不可高定當於主穴前或左或右斜遠八尺如主穴子向震兌決無祔葬之理此圖昭居主之乾主居昭之巽所謂比和平二者也

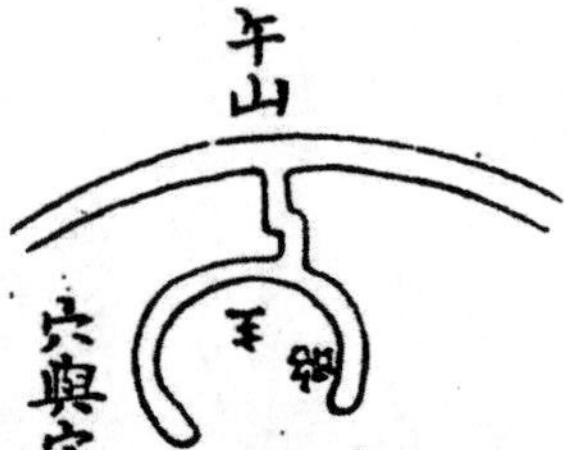

穴與穴斜遠八尺此最近者也以遠為妙

祔穴要乘前後曲水必須與主穴同坐向若曲水不甚大祔雖去主八尺論局尚不出宮也左水盡於主穴之乾位昭穴之巽位各得其宜且祔與兌水近尤佳所謂得三吉為言也

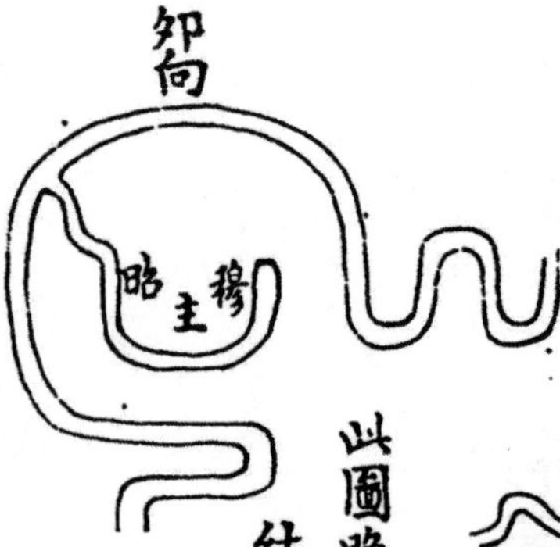

此圖昭穴雖在煞方然黍未結又兌脈離局不可用

家秘本

咫尺萬里。立辨死生。局運星符。與正同情。若得其本。祔法斯輕。

此章言高山真穴。都止一壙。不能兩棺。平洋通垣。可容合葬。然得穴真地。昭穆亦非所宜。貧家難於營建。乃有祔葬。不知穴氣真偽。間不容尺。昭穆之局。其視主穴。相去豈不遠哉。其間大判吉凶。不可不慎。亦有祖塋失穴。祔葬得之者。亦有祖穴得氣。因祔而傷者。若無真見。則

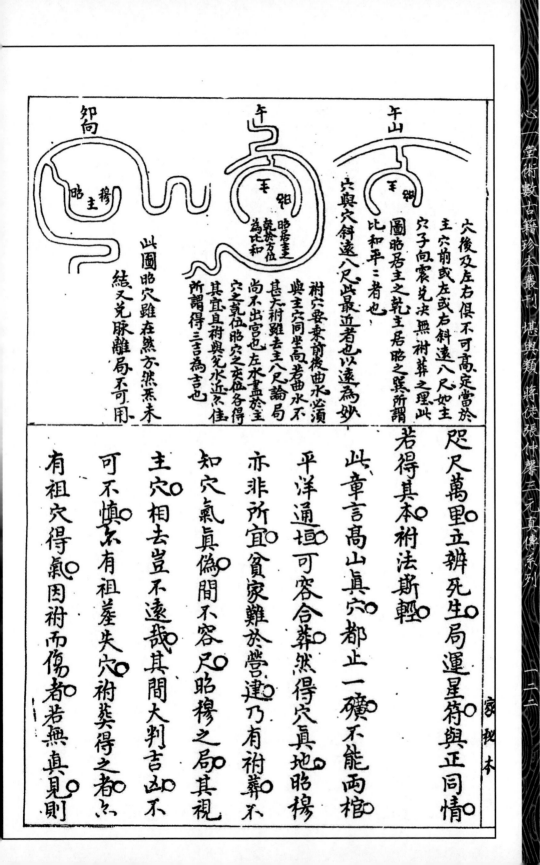

此圖穆居主之巽所謂比和平平者也昭居主之艮所謂煞方添葬反榮昌者也論局焉而只以祖穴收脈為元局必與脈合也穆穴近右水的真卯脈坎局其水頭只盡于巽界清卯焉至於收脈小口於主為艮者於穆為丑仍不出宮所謂以對宮輪九星得三吉為吉也對宮謂祔葬之對宮四面皆對宮就對宮之水看祔穴在三吉位則水皆合元矣此雖方位平平穴不可棄所謂若得其平祔法斯輕也但不可祔於主穴生方以致奪焉不寧耳昭不合元

祖宗根本之地。斷不宜輕加添祔。披枝傷根。禍豈一人獨受歟。祔法有乘來焉者。皆取祖穴本局。蓋繼離出治。子孫祔於祖穴。繼體之義有由然也。如星局與原宮相尅則吉。相生則凶。比和平平。不能為福。所謂煞方添葬反榮昌。此其一也。有論局焉者。以祖穴收脈為元。以對宮來情論九星。看所祔之位是何方。得三吉為吉。此又其一也。二者須兼論。然

主穴方位即謂主穴生尅之方位合元為生反元為尅

物物有太極。祔穴斷不可以主穴方位為憑。其立穴亦另有乘炁。則另有元運。另有星符。乘局向法。事事皆變。名雖為祔。實與另扦正穴無異。當以正法斷之。若正法得宜。方位祔法。亦屬第二義矣。蓋甚言乘局之不可誤也。

還元篇

厥初生民○男女搆精○天魂地魄○交癸抱壬○
橐籥母胎○百日成形○十月胎圓○出腹産嬰○
弦望之數○上法天行○命盡數終○陰漓陽愆○
魂越泥丸○魄沉湧泉○百體僵仆○血凝髓寒○
亦彌十月○海竭河乾○葬埋之法○反天入地○
接續元陽○魄陶魂鑄○若得佳城○死而不死○
葬乘旬中○髓有餘溫○葬乘十月○骨液未泯○
地脉灌注○枯木復根○一期三載○葉萎枝分○

家秘本

此猶不葬○朽敗空存○雖有佳壤○否陽不仁○
久久蒸噓○嚴霜乃春○若曾凶葬○體魄成塵○
敗氣充斥○改偽移真○非歷年世○瑞應曷臻○
古之葬禮○周孔所作○天子七月○士庶踰朔○
暴骨棄屍○子道之薄○陰陽拘忌○下愚不學○
莫嫌渴葬○敢問先覺○

此章言人家既無吉地須速葬若已得吉地貴乘初喪急葬○接續生氣○還元返本之義○以人之懷胎○十月胎成○故人之

告砠。亦十月髓竭。死者陽元已升於天。葬得吉地。反天氣以入地中。如入鑪冶。魂魄復聚。須及其骨液未竭。乃可與地脉流通。如接木須新剪之枝。若經宿氣洩。豈能活耶。葬法七日內最佳。七七猶可。不可過十月。若更遲之一年二年。雖有吉地。從何接氣。必待葬下久遠。枯者漸滋。而後徐徐蔭應耳。若曾於凶地葬過。改扦吉穴。前之敗焉。充滿骨間。精魄

藜照堂傳

散盡矣○直候惡煞全消○吉煞乃入○庸以歲月計耶○令人緩塟○亦有數端○賢者以不忍其親○難於急葬○不賢者又置親於度外○或停棺在堂○或權厝別地○暴露多年○直同棄屍○又庸師瞽術○拘忌山向○一家百口○年命衝刑○此吉彼凶○終無葬日○試觀古禮○天子七月而葬○諸侯五月○大夫三月○士庶踰月○豈皆忍其親者○何嘗有山向年命之紛紛如後世者耶○古

者拘忌少而世道昌隆○後世拘忌多而
禄祚短淺○甚矣其愚哉○々折衷於古之
先覺可矣○

司馬溫公曰、葬者藏也○孝子不忍其親
之暴露○故斂而藏之○賫送不必厚○厚者
有損無益○古人論之詳矣○今人葬不重
於古○而拘於陰陽禁忌則甚焉○古人雖
卜宅卜吉○蓋謀人事之變○然後質諸著
蔡○庶無後艱耳○無常日也○今之葬書○乃

考歲月日時之干支。以為子孫貧賤富貴壽夭賢愚皆繫焉。非此時日不可葬也。舉世惑而信之。於是葬親者往往久而不葬。至有終身累世而不葬。遂失屍柩而不知其處者。嗚呼。可不深嘆惜哉。

楊卧雲

地內之氣陰宅宜乘其凝結地上之氣陽宅宜乘其衍數

四倚之地四向論水便是論地下文乃重在門上

八宅以生炁為貪狼天醫為巨門禍害為祿存六煞為文昌五鬼為廉貞延年為武曲絕命為破軍伏位為左輔右弼其吉星止貪巨武輔此地局九星也楊公借九星以標三元氣運不以星之吉為吉此天元九星也此篇既已獨遵三元又以司天所頒開列男

陽基篇

大輿之理豈惟藏形翳古聖哲建都作京
襟江帶河九野孕靈兆民萃處百堵聿興
維宅之基與墓合符墓氣凝結宅氣行數
四倚之地廣廈不移移宮換步在隩及隅
爰有五幾實惟宗要一地二門三衢四嶠
五曰隅空八風自竅獨遵三元微參九曜
遊年卦例禍福不兆墓氣從地宅氣從門
一門易向榮落轉輪門通大道氣入闈闔

女宮數明某宮男女宜住某宮宅舍似不可忽故立向仍以地局九星為主蓋取向臨宅主之天醫生炁加然此特遊年卦例之類以之參年神方位而斷吉凶必天醫生炁臨旺門而後有吉應絶命五鬼臨凶衰門而後有凶應則其福禍雖係於九星而實係於三元亦可知矣

地符繞貫謂宮星四面環之

前後旁側分勢均形重門協吉與路相仍
轉步良位美惡相爭男女居室曰惟大倫
房闥是主堂階作賔祠廟之宇神靈相憑
建置不失人鬼教寧置宅廣原地符繞貫
比廬則聚單舍恆渙若在都邑無尤水遠
爰獲沽濡厥功無算深山之宅八國蔽藏
山形凹缺風來集方轍跡所至氣動舒陽
是為主治餘理則常墓氣及骨宅氣及身
此如滋條彼如沃根根榮以歲條茂及辰

家秘本

風會一本作分會汪云分會謂分大幹之形勢而會於都邑分小枝之形勢而會於市鎮也

墓吉宅凶。蓄齒食貧。墓凶宅吉。殃在後人。墓宅竝吉。介福千春。能不失馭。邁種之英。

此章言輿軸之理。不惟坟土藏形而已。即古聖王體國經野。大而京師。小而郡邑。以至村落市鎮。莫不有形勢風會焉。其九龍立局之法。與墓同符而不無小異。蓋墓葬止取一勻。元辰之水。而京都郡邑。則取大江大河為局。大水在南。作坎。大水在北。作離。大勢衰旺。此其樞也。

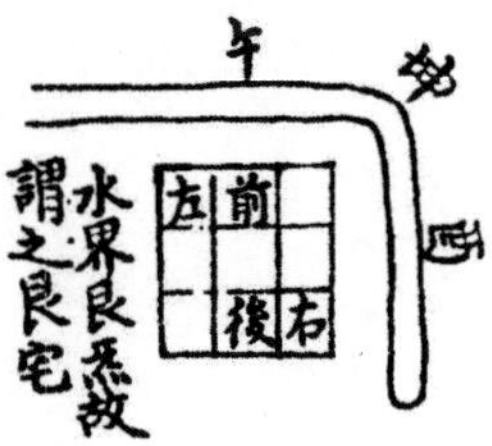

至於各家宅氣。又就其所依小水而分九局。且陰地取其結聚。陽基取其敷衍。格局有廣狹之異。四倚者。或前或後。或左或右。專依一水也。倚一水則局真。雖作廣廈。其氣皆不變。若陬隅之地。掛角立宅。止中宮大勢收氣不離。前後帶收氣。則有改變矣。如掛角艮宅。西南二方貼水。則前帶左廂近南水屬坎。後帶右廂近西水屬震矣。一宅分房。便殊衰旺。

陰宅氣在地中。止穴內一氣。陽宅氣在地。上不專以地中之氣為主。兼取門氣。盖氣本橫行。而無途入宅。門戶一啓。氣即從門而入。其力與地氣相敵。地衰門旺。地旺門衰。吉凶參半。須門地並旺。然後可以名諸福也。門地之外。又論道路。直來者作來氣論。如乾方有路來朝。則宅受乾氣也。橫截者作止氣論。如坤方有橫街。則宅受艮氣也。朝路比來龍。而城堞與横路同斷。橋梁與朝路同斷。

横。路。比。界。水。所謂三衢四嶠同斷。嶠者隣居高峻處。如艮方有高屋。則氣被障斷。反從艮方回向我宅。黄白氣說所謂回風反氣。自高及下者也。高屋多則氣厚。高屋少則氣淺。若遠方高屋迢遞而來。漸近漸低。歸結到宅。氣尤百倍矣。隅空者。方隅空缺。或在宅外。或在宅中。能引八風。從空而入。最關利害。此五幾者。惟。以。三。元。之。衰。旺。為。廢。興。而立向則仍

家秘本

偶見一本云一四同宮准發科名之顯九七共處常為回祿之憂五黃正煞損人（正煞謂戊己都天）二黑病符多疾五主孕婦受災黃遇黑時出寡婦二主宅母多咎黑逢黃至出鰥夫六會九則長房血症而七九之會更凶八逢四則小口殞身而三八之逢更悪此數語論飛宮殆即蔣公所謂遊年卦例也取之以參元運之吉凶或有一得其餘論運論方論間錯亂圖書。乘離星卦。貽害無窮。

以地局九星為主。然都有不合九星。不害其為吉者。故曰微參。言不甚重也。至於遊年卦例。止參值年神煞以斷吉凶之應而已。其實禍福。不係乎此。若宅氣旺。雖絕命五鬼。何害於吉。若宅氣衰。雖天醫生氣。何救於凶。相宅者只。將。五。幾

按。三。元。以。定。衰。旺。義。盡。此。矣。從地從門又申言門之尤重。蓋地乃一定之物。不能改移。門則可隨方而改。儻。有。失。元。之。

地○改一○旺○門○便○能○起○衰○得○元○之○地○行○一○衰○門○便○至○減○福○尺寸之間○榮枯頓異○不可不慎也○門○以○通○大○路○者○為○重○蓋氣在大道中○隨人往來○一開門○便從門○入○前門後門○旁側便門○或吉或凶○分遠近大小動靜冷熱而論○興廢○一宅止一門獨旺○則全美無瑕○若諸門皆旺○層遞而入○皆由吉路○則諸美畢臻矣○若轉入衰路凶門○美惡相爭○不能歸一○亦以長短親

步步從旺方引入閨闥。步步字要玩。若門引旺炁。而路有衰廢。亦足為累。

疎。分別勝負。至於宅中內門。則尤以房門為重。蓋一陰一陽之謂道。家宅興廢。在夫婦配合之際。生男育女。繼祖承祧。皆原於此。宅內重門道路。步步從旺方引。入閨闥。更開吉門。迎之。則五福全收矣。若中堂正屋。乃賓客酬酢之所。非歸根復命之鄉。不甚重也。古人營室。宗廟為先。香火之地。須在吉方。人鬼俱寧。方為安宅。若在荒村空曠之鄉立宅。則五幾之中。專。以。地。氣。為。重。與陰宅相似。然猶必比屋聚廬。而後可以會合風氣。収攬陽和。極小屋必二進三進。始有聚蓄。一帶直屋。及散布數椽。氣皆渙散。地雖吉。不驗也。若在城市。五幾。並重。不。專。以水。為。局。雖遠。水亦有乘旺發福者。更能近水。沾染生氣。福力非常可比。若近水衰地。其禍尤甚。矣。深山之宅。八方高蔽。水氣輕微。但以山形空缺處為風門。其人跡車馬往来之路尤重蓋山國純陰一有動氣即為陽生能司禍福故山中之宅專以風路二氣為主治之要其餘理氣皆屬平常不甚持權也宗段總言陰陽二宅不可偏廢蓋墓氣從亡者之骨蔭及生人力深而緩宅氣即在本身力浮而速朝種暮熟知者固不得以陽而廢陰亦何可重陰而忽陽也哉

歸厚錄一十八篇終

占筮類			
1	擲地金聲搜精秘訣	心一堂編	沈氏研易樓藏稀見易占秘鈔本
2	卜易拆字秘傳百日通	心一堂編	
3	易占陽宅六十四卦秘斷	心一堂編	火珠林占陽宅風水秘鈔本
星命類			
4	斗數宣微	【民國】王裁珊	民初最重要斗數著述之一；未刪改本
5	斗數觀測錄	【民國】王裁珊	失傳民初斗數重要著作
6	《地星會源》《斗數綱要》合刊	心一堂編	失傳的第三種飛星斗數
7	《斗數秘鈔》《紫微斗數之捷徑》合刊	心一堂編	珍稀「紫微斗數」舊鈔
8	斗數演例	心一堂編	秘本
9	紫微斗數全書（清初刻原本）	題【宋】陳希夷	斗數全書本來面目；有別於錯誤極多的坊本
10-12	鐵板神數（清刻足本）——附秘鈔密碼表	題【宋】邵雍	無錯漏原版 秘鈔密碼表 首次公開！
13-15	蠢子數纏度	題【宋】邵雍	蠢子數連密碼表 打破數百年秘傳 首次公開！
16-19	皇極數	題【宋】邵雍	清鈔孤本附起例及完整密碼表 研究神數必讀！
20-21	邵夫子先天神數	題【宋】邵雍	附手鈔密碼表 研究神數必讀！
22	八刻分經定數（密碼表）	題【宋】邵雍	皇極數另一版本；附手鈔密碼表
23	新命理探原	【民國】袁樹珊	子平命理必讀教科書！
24-25	袁氏命譜	【民國】袁樹珊	
26	韋氏命學講義	【民國】韋千里	民初二大命理家南袁北韋
27	千里命稿	【民國】韋千里	
28	精選命理約言	【民國】韋千里	北韋之命理經典
29	滴天髓闡微——附李雨田命理初學捷徑	【民國】袁樹珊、李雨田	命理經典未刪改足本
30	段氏白話命學綱要	【民國】段方	民初命理經典最淺白易懂
31	命理用神精華	【民國】王心田	學命理者之寶鏡

32	命學探驪集	【民國】張巢雲	發前人所未發 稀見民初子平命理著作
33	澹園命談	【民國】高澹園	
34	算命一讀通——鴻福齊天	【民國】不空居士、覺先居士合纂	
35	子平玄理	【民國】施惕君	
36	星命風水秘傳百日通	心一堂編	
37	命理大四字金前定	題【晉】鬼谷子王詡	源自元代算命術
38	命理斷語義理源深	心一堂編	稀見清代批命斷語及活套
39－40	文武星案	【明】陸位	失傳四百年《張果星宗》姊妹篇 千多星盤命例 研究命學必備
相術類			
41	新相人學講義	【民國】楊叔和	失傳民初白話文相術書
42	手相學淺說	【民國】黃龍	民初中西結合手相學經典
43	大清相法	心一堂編	重現失傳經典相書
44	相法易知	心一堂編	
45	相法秘傳百日通	心一堂編	
堪輿類			
46	靈城精義箋	【清】沈竹礽	沈氏玄空遺珍 玄空風水必讀
47	地理辨正抉要	【清】沈竹礽	
48	《玄空古義四種通釋》《地理疑義答問》合刊	沈瓞民	
49	《沈氏玄空吹虀室雜存》《玄空捷訣》合刊	【民國】申聽禪	
50	漢鏡齋堪輿小識	【民國】查國珍、沈瓞民	
51	堪輿一覽	【清】孫竹田	失傳已久的無常派玄空經典
52	章仲山挨星秘訣（修定版）	【清】章仲山	章仲山無常派玄空珍秘 門內秘本首次公開
53	臨穴指南	【清】章仲山	沈竹礽等大師尋覓一生末得之珍本！
54	章仲山宅案附無常派玄空秘要	心一堂編	
55	地理辨正補	【清】朱小鶴	玄空六派蘇州派代表作
56	陽宅覺元氏新書	【清】元祝垚	簡易・有效・神驗之玄空陽宅法
57	地學鐵骨秘 附 吳師青藏命理大易數	【民國】吳師青	釋玄空廣東派地學之秘
58－61	四秘全書十二種（清刻原本）	【清】尹一勺	玄空湘楚派經典本來面目 有別於錯誤極多的坊本